つなげてみれば超わかる

日本史×世界史

森村宗冬

彩図社

はじめに

これまで歴史関連の本といえば、日本史のみ、もしくは世界史のみを対象としたものが一般的でした。

ひと昔前なら、それで良かったかも知れません。

しかし、現代ではそんな悠長なことは言っていられなくなってきました。

世界が急速に一体化し始めたことにより、世界のどこかで起こったことが、私たちの社会や生活に、短時間でダイレクトに影響を及ぼす可能性が出てきたのです。

これはインターネットの発展で、情報が瞬時に全世界に拡散されるようになり、移動手段の高速化により、大量の人と物資が世界を行き交うようになったことによります。

そう、世界は**「連動」の時代**へと移行し始めたのです。

じつはこの「連動」は、現在に始まったことではありません。

古代からさまざまなかたちで世界は連動し合ってきました。気候変動による汎世界的な連動、ヨーロッパ人の東洋進出による連動、産業革命の進展による連動、日本が日露戦争に勝利したことによる連動……。

ただ、「連動」に至るスパンが長いため、あまり取り沙汰されることがなかったのです。

本書はこの「連動」に着目し、「世界の中の日本」という観点に立ち、古代から近現代に至るまで、世界史との関連で日本史を語ったものです。

具体的にいえば、**「世界の動きが、日本の動きにいかなる影響を与えたのか?」「日本の動きが、世界にいかなる影響を与えたか?」**を分かりやすく解説したものになります。

世界が急速に一体化しつつある今、「連動」という観点から歴史を俯瞰《ふかん》する習慣をつけておくことは有益です。慣れれば、起こった出来事から未来を予測することも可能になるでしょう。

本書がその入門書となり、変わりつつある世界を生きるうえでの糧となるならば、著者としては望外の喜びです。

森村　宗冬

もくじ

1章　人類の誕生と発展

2章　世界の文明の発展と日本の国際デビュー

3章 軍事大国化した日本と大航海時代のヨーロッパ

4章　江戸の泰平と世界の戦乱

5章　日本の近代化と世界大戦

学者エラトステネス（紀元前275年～紀元前194年）による地図（復元）

1章

人類の誕生と発展

日本史
世界史
先史時代

日本人はどこからやってきた？

日本列島最初の住人は旧石器時代人

日本列島で縄文文化が営まれる前の時代を、私たちは「旧石器時代」と呼んでいます。

この時代は気候が寒冷だったため海岸線が低く、日本列島はユーラシア大陸と地続きでした。

そのため、多くの大型草食動物が日本列島に流入しました。オオツノジカ、マンモス、ナウマンゾウ、ヘラジカ……。

人類もこうした動物たちを追って、日本列島にやってきました。

つまり、旧石器時代＝原日本人というわけです。

彼らの流入ルートを知ることは、**日本人のルーツ**を知ることになります。

沖縄の白保竿根田原洞穴遺跡の発掘の様子（写真提供：時事）

沖縄の遺跡が語る古代人の足取り

日本人のルーツについては、「二重構造」がほぼ定説となっています。

南方アジアから流入した人の集団が縄文人となり、**北方アジアから流入した集団**と融合し、日本人になったという説です。

ＤＮＡによる調査も、これに近い結果を得ています。

ＤＮＡとは、地球上に生息する生物の細胞に含まれるもので、「デオキシリボ核酸」の英字表記の略です。ＤＮＡの内部には、遺伝情報が詰まっています。イメージとしてはＤＮＡ＝箱、遺伝子＝情報となるでしょう。収められているのは、人を作るための設計方法と設計図です。

近年、生物学を含む科学の大きな進展により、ＤＮＡ

解析によって遺伝子レベルでの情報を得ることで、古代人類の足取りをたどることができるようになってきました。

旧石器時代人のＤＮＡ解析に関しては、沖縄県石垣市にある白保竿根田原《しらほさおねたばる》洞穴遺跡で出土した、同時代の人骨を使った結果が注目を集めています。旧石器時代人たちが、死者の葬送儀礼を行っていた痕跡が発見され、大きな話題となった遺跡です。

２０１３年、同遺跡から発見された人骨10点をＤＮＡ解析にかけたところ、反応を得られた4点から、南方アジアから北上したものであるという結果が得られました。

複数の集団によって形成された縄文人

ただ、旧石器時代人のすべてがそのまま縄文人になったわけではなさそうです。

縄文人に関しては、全国の縄文遺跡から出土した縄文人骨でＤＮＡ解析が行われています。その結果、人類が南方アジアから北上してきたことは間違いないものの、日本国内の中でも、集団によって、母方のみから伝えられるミトコンドリアＤＮＡの組成が異なっていました。

つまり、**縄文人＝均一的な存在というわけではない**のです。

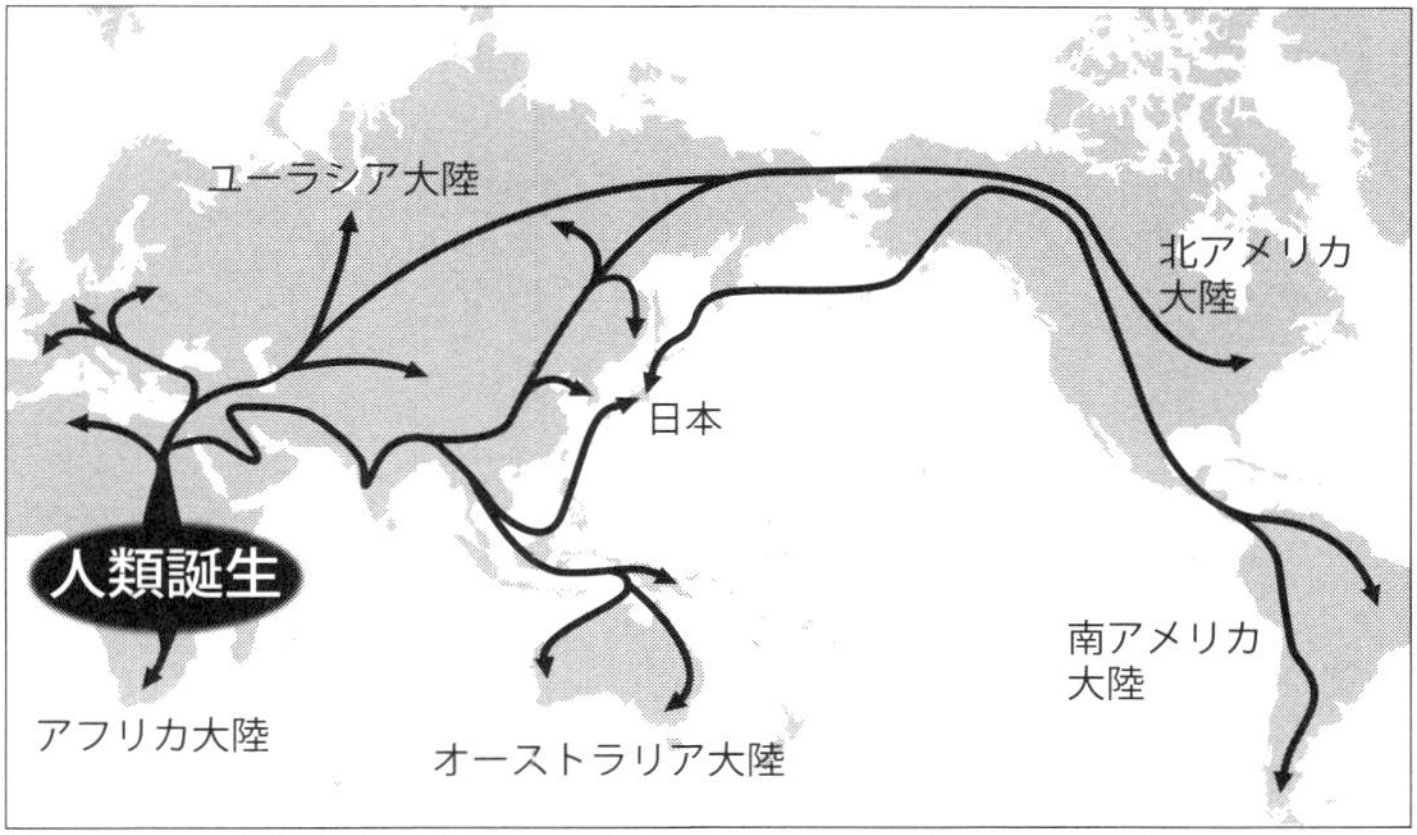

アフリカから世界に旅立った人類の足跡（諸説あり）

おそらく、旧石器時代人の集団がいくつも流入し、気候温暖化による大型動物減少など、環境の変化に対応できた集団が、縄文時代を担ったと推定されます。

さて、旧石器時代人が南方アジアから、日本列島に北上したとして、その前はどうなのでしょうか？

この疑問に関しては、遺伝学の研究によって、アフリカであることが有力視されています。有名な**ミトコンドリア・イブ説**です。

日本人はアフリカ大陸から来た

ここでいうミトコンドリアとは、ミトコンドリアＤＮＡのことです。これは前述した通り、母方だけから受け継がれるのが特徴で、父方の遺伝子は混在しません。

遺伝学者たちはこの利点を活かして人類のルーツを探

ラスコー洞窟の壁画（©Jack Versloot）

すため、多くの現代人女性のミトコンドリアＤＮＡを鑑定しました。すると、ヨーロッパ人、アジア人に関係なく、20万年前のアフリカ系人類を起源としていることが判明したのです。

ただし、ここでいう人類のルーツとは、あくまで新人です。人類は猿人↓原人↓旧人↓新人という流れで進化しました。さまざまな猿人がいるなかで、現生人類誕生のきっかけとなったのは約２３０万年前に出現したホモ＝ハビリスです。

このホモ＝ハビリスから原人ホモ＝エレクトスが生じ、さらに古代型ホモ＝サピエンスたる旧人、現代型**ホモ＝サピエンス**たる「新人」が生じました。現生人類の祖先はこの新人であり、15万年から10万年前に、アフリカ大陸で誕生しました。

6万年前、私たちの祖先はアフリカ大陸から旅立ちました。人類学上でいう「**出アフリカ**」です。彼らは定住と移動を繰り返しつつ、ゆっくりとユーラシア大陸全域、オーストラリア大陸、南北アメリカ大陸へと拡散。その途中で環境の影響を受け、混血と融合を繰り返しつつ、広がっていきました。

スペインのアルタミラ洞窟の壁画や、フランスのラスコー洞窟の壁画は、出アフリカを果たした新人たちの痕跡です。

また、１８６８年に南フランスのヴェゼール渓谷で発見されたクロマニヨン人は、進化した石器を製作・使用しており、生活能力が高かったことが分かっています。

そして、５万年前に南方アジアに到達しました。この集団が東アジアへと北上し、このうち日本列島に到達した新人が、最初の日本列島の住人となったのです。

世界史

人類の祖先がアフリカから旅立ち世界に広がっていく

日本史

人類の祖先が1万年かけてアフリカから日本にたどり着き定住する

日本史 世界史

約1万年前

日本で巨大集落が誕生した頃 世界で文明が興った

約1万年続いた縄文時代

2万年前に氷河期が終了して温暖化に転じると、日本列島の環境も変化します。針葉樹林が姿を消し、東日本では落葉広葉樹林が、西日本では常緑広葉樹林が現れるようになりました。動物もナウマンゾウなどの大型動物は姿を消し、動きの速いシカやイノシシが主体となりました。

こうした環境の変化に合わせて、人の生活も変わり、縄文文化が始まります。

縄文文化は約1万2000年前に始まり、約2400年前に終焉するまで、約1万年も続きました。この縄文文化が日本列島の文化だった時期を「**縄文時代**」と呼びます。

復元された上野原の縄文集落（京橋治 / PIXTA）

巨大集落の跡からわかる縄文人たちの豊かな生活

縄文時代については、長く「粗末な竪穴式住居に住み、小集団で移動しつつ、狩猟・採取中心の生活を送っていた。閉鎖的で未開の時代」という見方が常識化していました。

しかし、こうした縄文観は、近年のさまざまな発掘調査によって、完全に覆《くつがえ》りました。**縄文時代の早い時期から人々が定住していた**ことが、鹿児島県霧島市の上野原遺跡から分かったためです。

当時からすでに相応の建築技術があったことは、青森県青森市の三内丸山《さんないまるやま》遺跡での調査から分かりました。

広さが東京ドーム８個分もあり、約１５００年の長きにわたって集落が営まれたこの遺跡から、長さ最大32メートルの大型竪穴式住居10軒、直径１メートルの栗の木柱

左：古代メソポタミア・礼拝者の像（紀元前2700 ～ 前2600年）（©Makthorpe and licensed for reuse under Creative Commons Licence）
右：エジプト王メネスを描いた石版（時期不明）

を6本使った「掘立《ほったて》柱建物」の跡が見つかったのです。

またこの遺跡からは、**縄文人たちの豊かな食生活**も分かってきました。

ゴミ捨て場からは50種類以上の魚の骨が見つかりました。三内丸山の縄文人たちは、眼前に開けた陸奥湾の海の幸を堪能していたのです。

魚以外にも野ウサギ、キジ、アザラシなどの肉が食卓をにぎわせていました。エゴマ、ヒョウタン、マメ、ゴボウといった植物もふんだんに食べていました。

ＤＮＡ解析により、栗栽培をしていたことも分かっていますし、果実酒を楽しんでいたことも確実視されています。

縄文時代から人々は定住し、周囲の環境を生かしつつ生きていたのです。

各地で興りはじめた文明

このように日本で縄文文化が花開いていた時代、世界各地でも文明が誕生していました。

東地中海世界では、クレタ島に金石文化が興《おこ》って、**エーゲ文明**が誕生します。

エジプトでは、メネス王が上・下エジプトを統一し、**エジプト第一王朝**が樹立されます。

メソポタミア地方では、**シュメール文明**が興り、ウル、ウルク、ラガシュなどの**都市国家**が形成されました。

定住、大規模建物、活発な交易の3点を有する縄文文化も、これらの文明誕生と連動すると考えて良いでしょう。縄文時代は原始文明の時代だったのです。

世界史

世界の各地で
文明や王朝が誕生し
それぞれに都市国家が
形成される

日本史

縄文人が定住を始め
食物を得て
豊かな生活を送り始める

日本史
世界史
約3500年前

異質な文明が融合したことで縄文文化が成立した

縄文時代の始まり

2万年前に地球の気候が温暖化し始め、両極の氷が溶けて海進が始まり、日本列島はユーラシア大陸と切り離されました。

列島内では植生の変化が進み、変化に適応できない大型草食動物は絶滅しました。そして、シカやイノシシなど、小さくて動きの素早い小動物が山野を駆け巡り始めます。

列島内に住んでいた人々もこの環境に適応すべく、試行錯誤を繰り返しました。その結果、土器を製造して採取した植物を貯蔵・調理し、原始的農耕を営み、小動物を狩ることができ、海の幸を得られる集団が生き残りました。

これらの人々が担った時代を、使われた土器の縄目文様をとって「**縄文時代**」と呼んでいます。

亀ヶ岡遺跡の渡来物からわかること

青森県つがる市にある「亀ヶ岡遺跡」は、縄文時代晩期の集落跡です。

ここにはかつて「亀ヶ岡文化」とも呼ぶべき、独特な文化が栄えていました。

この遺跡から出土し、現在は東京国立博物館に所蔵される「**遮光器土偶**」は、亀ヶ岡文化の独自性を物語っています。この遺跡からは、大陸から渡来したガラス製の小玉も見つかっています。

このような品が本格的に日本に伝わるのは弥生時代に入ってからですから、亀ヶ岡の縄文人は、それより早くに手に入れていたのです。

亀ヶ岡遺跡から出土した遮光器土偶

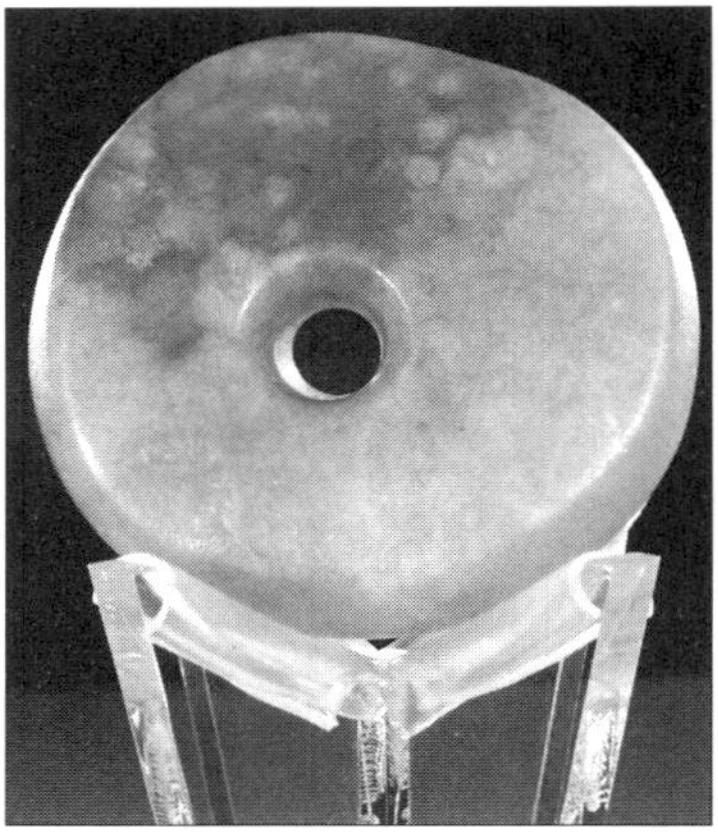

上：長江文明のヒスイ
左：三内丸山遺跡から出土した縄文のヒスイ（©左：あおもりくま／上：Editor at Large/and licensed for reuse under Creative Commons Licence）

南方と北方の文化が混在していた古代の日本

じつは縄文人たちは、当時から卓越した航海術を駆使して、盛んに海外と交流することで、文化的な影響を受けてきました。

もっとも大きな影響を受けたのは、中国大陸南方、長江下流域に繁栄した**長江文明**です。

日本で縄文文化が栄えていた頃、長江文明では玉器の精工な加工が行われていました。この影響を受けて、縄文時代の日本で行われたのが、**ヒスイの加工**です。

ヒスイの産地は日本列島内に複数ありますが、宝石加工に堪えうる美しさを持つのは、糸魚川《いといがわ》流域で採れるものだけでした。しかしこの糸魚川流域産のヒスイが、北は北海道から、南は九州の縄文遺跡までの広範囲で見つかっ

深鉢型火焔式土器

ています。

日本の各地域には交流があり、交易を通じて文化的な交流を行っていたことがうかがえます。

そのほかにも、玦状《けつじょう》耳飾りなど、長江文明由来の遺物が縄文遺跡から出土しています。縄文文化がいかに長江文明の影響を受けていたかがうかがえます。

また一方では、**北方からの影響**も無視することはできません。

たとえば、**深鉢型の縄文土器**が挙げられます。

底が深いのは保温の良さと、加熱のしやすさに由来するもので、寒冷地にふさわしい土器の形式です。

半地下構造の竪穴式住居も、寒冷地特有のものであり、縄文文化が北方の影響を受けていることを示しています。

また、青森県の三内丸山遺跡や石川県のチカモリ遺跡から見つかった巨大掘立柱《ほったてばしら》遺構は、北方特有の巨木信仰との関連性が指摘されています。

上：チカモリ遺跡で発見された環状木柱列（復元）
右：三内丸山遺跡の掘立柱遺構（復元）
（上：Akimoto/ 右：©663highland/and licensed for reuse under Creative Commons Licence）

具体的にいえば、**トーテムポール**の類《たぐい》です。これらも南方文化と北方文化の交流があったことを示しています。

神話にも見られる南方文化の影響

日本の記紀神話に、東南アジアやポリネシアの神話の影響が見られるのは、多くの神話学者が指摘していることです。

たとえば、『古事記』には次のような話があります。

――天上世界から下ったニニギノミコトは、美しいコノハナノサクヤビメとの結婚は承諾した。しかし、姉のイワナガヒメは容姿が醜いことを理由に結婚を拒んだ。姉妹の父オオヤマツミノカミは激怒し、「イワナガヒメを受け取ればお前たちの生命は岩の如く永らえたが、コノハナノサクヤビメだけを受け取ったため、天孫の命も散る花のようにいつか潰える」と宣告した――

このタイプの話は神話学上「バナナ型」と呼ばれる**死の起源神話**で、ポリネシアやメラネシアなどの南洋世界に幅広く分布しています。

南洋世界の死の起源神話と同じ類型がなぜ、日本の記紀神話に見られるのか？

西日本の縄文人が、海外との交易を通じて日本にもたらした可能性が考えられます。

いずれにしても縄文文化は、海外の異質な文明を融合させることで成立していました。

日本人の特性として、さまざまな文化・宗教を受け容れ取捨選択し、融合させるという点が指摘されますが、これらはすでに縄文時代に萌芽していたようです。

世界史

大陸で生まれた文明により玉器の加工技術などが発展する

日本史

長江文明や北方・南方文化などの融合によって縄文文化がつくられる

日本史
世界史
約3500年前

世界の寒冷化による動乱が日本に稲作をもたらした

地球の気候は寒冷と温暖のサイクルを繰り返す

地球の気候は一定ではなく、寒冷期と温暖期のサイクルを繰り返しています。この寒冷期と温暖期のサイクルは、地域・時間によって差はありますが、地球規模で人類の生活に大きな影響を与えてきました。

たとえば、1万1000年前から1万年前頃の「**ヤンガードリアス寒冷期**」に、現在の西アジアで農業が始まり、各地に広まりました。気候の寒冷化によって狩猟・採取による生活ができなくなったためです。

その後、地球は著しい温暖化に転じます。この時期には、日本列島で狩猟・採取、原始的な

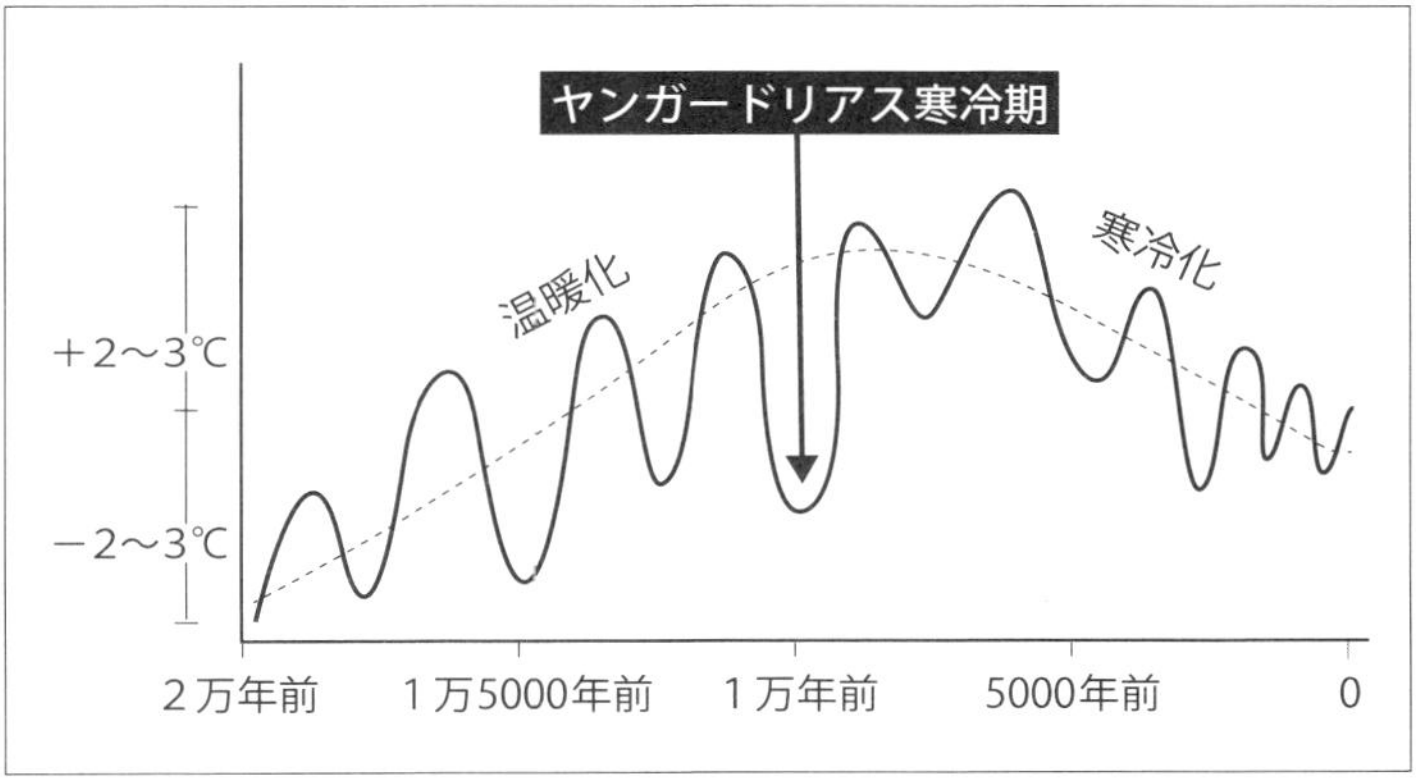

ヤンガードリアス寒冷期近辺の気候変動（『逆転の日本史〈日本人のルーツここまでわかった！〉』（洋泉社）をもとに作成）

農耕が発達することになりました。

そして気候の温暖化は今から約８０００年前にピークを迎え、ふたたび寒冷化に転じました。

急激な寒冷化によって世界中で動乱が起こる

寒冷化といっても、いきなり一気に寒くなるわけではありません。通常は、寒冷と温暖のサイクルを繰り返しつつ、平均気温が全体的に低くなっていきます。

ところが、約３５００年前（紀元前１５００年頃）の寒冷化は、それまでの社会の維持が困難になるほど急激でした。

これにより、日本列島では、狩猟・採取、原始的な農耕に頼る**縄文社会が衰退を余儀なくされた**のです。

農業に完全シフトしていた地域もありましたが、そこでも大きな混乱が起こりました。

農業技術が進んだ現代ですら、農作物の生産量は気候によって大きく左右されます。まして農業技術が未発達の古代のこと、気候の急激な寒冷化が社会に与えたダメージのほどは想像するに余りあります。

人類が生きのびるためには、条件の良い場所に移るか、広い土地を確保して生産性を高めるしかありません。

そのため、**世界的に民族移動が勃発**し、各地で戦乱が発生しました。

メソポタミアでは、古バビロニア王国がカッシート人の侵入を許し、アッシリアやミタンニ王国など、新興勢力が力を伸ばします。

アナトリア半島ではヒッタイト王国が興《おこ》り、人類史上初となる鉄製の武器を手に、ミタンニとエジプトの両王国に攻勢をかけ始めます。

これに対してエジプトでは、それ以前の古王国・中王国以上に専制的な新王国が成立し、積極的な対外政策のもと、ヒッタイト王国と抗争を繰り広げるのです。

エジプト王がヒッタイトの要塞を攻撃する様子

北の黄河文明と南の長江文明の対決

急激な寒冷化により、中国大陸も動乱期に入りました。殷《いん》王朝は次第に勢力が衰え、紀元前１１００年頃、周王朝にとって代わられます。

しかしこの周王朝も紀元前７７１年、チベット系遊牧民「犬戎《けんじゅう》」の侵攻を許して以降、次第に勢力が低下しました。

そして中国大陸は群雄割拠の**春秋戦国時代**へと突入していきます。

春秋戦国は斉・晋・呉・越などの国々が中国大陸の覇権をかけて戦った動乱の時代です。斉の桓公、晋の文公など幾多の英雄が輩出され、孔子・墨子などのいわゆる諸子百家が智を競いあったのもこの時代でした。

ところで、広大な中国大陸には2本の大河が流れています。北方の黄河と、南方の長江です。

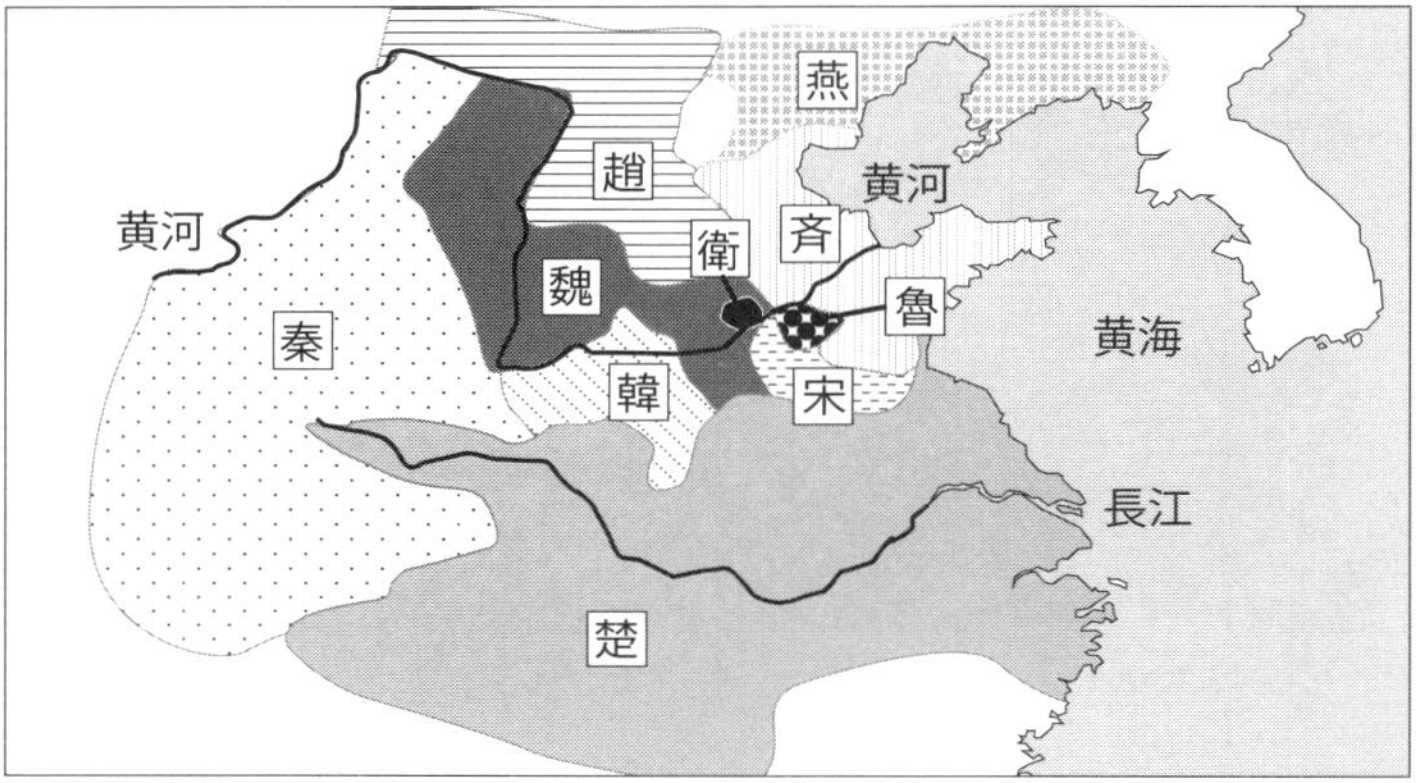

紀元前４世紀頃の中国の勢力図

黄河流域に住むのは純然たる漢民族ですが、長江流域は漢民族と南方系民族が入り混じり、独自の文明を築いていました。そのため風俗はむろん、生活・社会構造も黄河流域とは異なっていました。

英雄や諸子百家の活躍に目を奪われがちな春秋戦国時代ですが、争いの根底には、気候の寒冷化が誘発した、黄河文明と長江文明の対決があったのです。

寒冷化と中国の動乱が日本に稲作をもたらした

この対決は、秦の始皇帝の登場によりいったん収束します。しかし独裁政治を行った始皇帝の死後、その反動から、中国大陸は再び動乱の時代に入ります。

そのなかで、南の楚の項羽と、北の漢の劉邦による**「楚漢**

の攻防」というかたちで南北の対決が再燃します。当初はワンマンタイプの項羽が有利でしたが、人使いに長けた劉邦が次第に劣勢を挽回し、最終的には劉邦が北方に漢王朝を樹立するかたちで、黄河文明と長江文明の対決は決着するのです。

水稲耕作は秦の始皇帝の圧政や楚漢の動乱から逃れ、日本列島に流入した、歴史上にいう**「渡来系弥生人」**によってもたらされました（60ページ参照）。つまり、稲作はただ漫然と日本に伝わったのではなく、寒冷化による世界的動乱発生→中国大陸での黄河文明と長江文明の対決→黄河文明の勝利という歴史的な流れと連動していたのです。

気候寒冷化によって停滞していた縄文社会は、水稲耕作の受容によって活力を取り戻し、時代は弥生時代へと移行していくのです。

急激な寒冷化により世界中に動乱が起こり中国が春秋戦国時代へ入る

世界史

日本史

中国の動乱を避けて日本に来た人々により稲作が伝来する

日本史
世界史

紀元前5世紀

日本に伝来した稲の普及

弥生時代の始まり

約1万年のあいだ続いた縄文時代が終わりに近づくと、時代は弥生時代へと移行していきます。

「弥生」とは、東京都文京区の向ヶ丘貝塚で発見された土器に由来します。

この土器は最初、大した注意も払われず、縄文土器として扱われました。しかし、調べていくうちに複数の研究者が、縄文土器とは異なることに気づき始めます。

その後これと同じ土器が各地で見つかり、縄文土器との違いが認識されるようになった結果、この土器が使われた時代を「**弥生時代**」と呼ぶようになりました。

温帯ジャポニカ（©Green and licensed for reuse under Creative Commons Licence）

日本に自生していない稲はどこから来たか？

弥生時代は、稲作が日本列島に普及した時代として知られています。

米を実らせる稲は、日本列島の自生植物ではありません。人の手で海の向こうから運ばれてきて、日本列島で栽培されるようになりました。

つまり、**外来作物**なのです。

ここでいう稲とは、水田で稲栽培をする水稲耕作に適した**「温帯ジャポニカ」**のことを指します。水田の雑草を取る、肥料を与えるなどの管理をすればするほど、実りが豊かになる特性を持つ稲です。

起源地はかつて、「インド亜大陸東北部のアッサム、中国大陸南西部の雲南地方」とされてきましたが、現在では

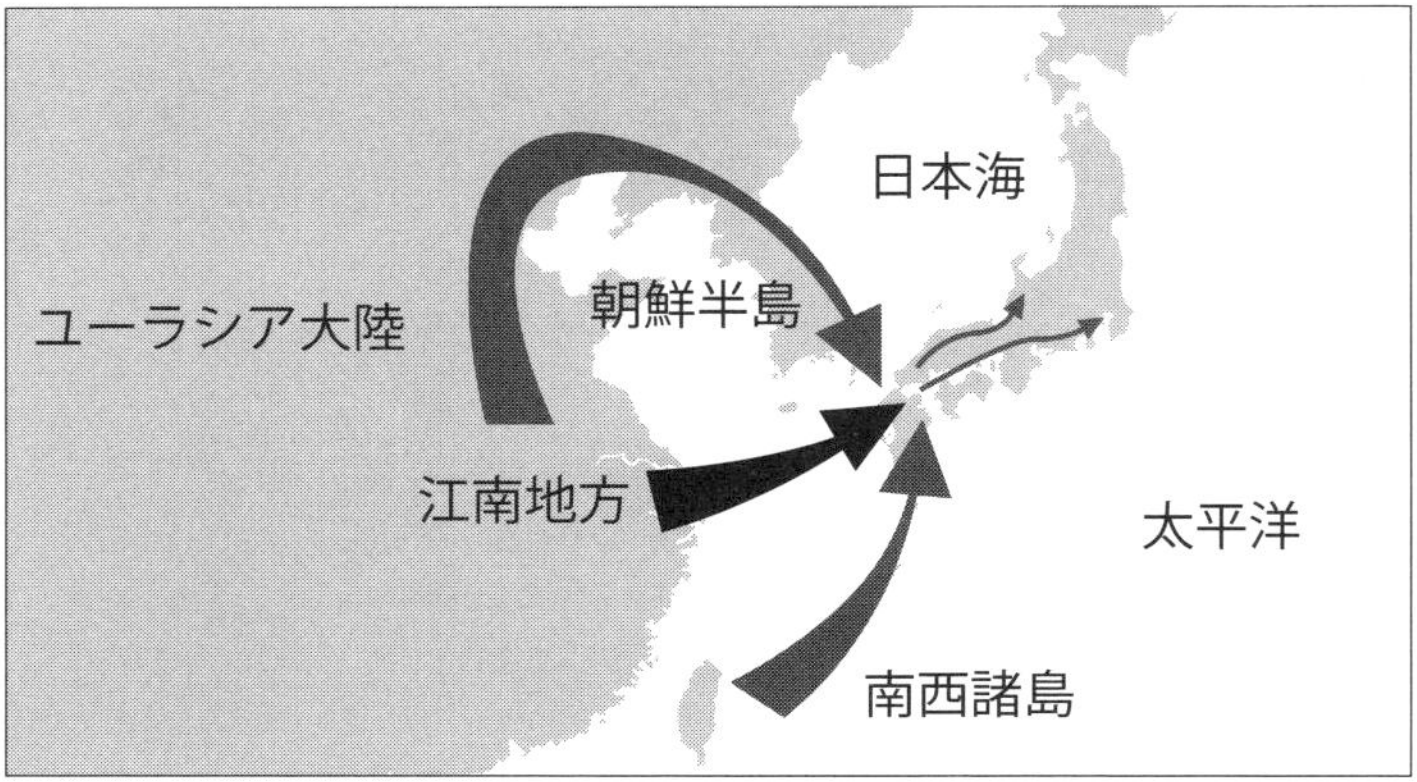

複数考えられる稲作の伝来ルート

「中国大陸の長江中～下流域」が定説となっています。

日本列島への伝播ルートについては、長江中～下流域を起源地とし、「中国の江南地方からダイレクトに伝わった」「朝鮮半島の東端を経由して伝わった」「南西諸島を北上して伝わった」など複数の説が提唱されており、このうち考古学や植物学では、江南地方からの伝来説が有力視されています。

水稲耕作は縄文晩期にすでに始まっていた

ところで、「稲作が日本列島で始まった時代」ではなく、「普及した時代」と前述したのには意味があります。

じつは**水稲耕作は、約3500年前の縄文時代晩期には始まっていた**のです。

福岡県福岡市の板付《いたづけ》遺跡や佐賀県唐津市の菜畑《なばたけ》遺跡からは、縄文時代晩期の水田遺構が検出され、「水稲耕作開始は弥生時代から」との常識を覆しました。

水稲耕作はこの北部九州を起源とし、**日本列島を北上していきました。**青森県弘前市の清水森西遺跡では、２０１７年の発掘調査で弥生時代中期の土壌から炭化した米を検出しています。少なくとも約２２００年前には、水稲耕作が東北地方の北端まで到達していたのです。

日本列島で水稲耕作が普及したのは、気候の寒冷化にともなって、狩猟・採取、原始的農耕に依っていた縄文社会を維持できなくなったためでした。そこに水稲耕作という新しい食料獲得システムを得たことで、日本列島は次第に活気を取り戻していくことになるのです。

世界史

中国大陸の江南地方で稲作が始まる

日本史

縄文時代に中国から水稲耕作が伝わり広く伝播し始める

日本史
世界史

紀元前2世紀

始皇帝の圧政から逃れる人々に手を貸した縄文人たち

秦の始皇帝

秦の始皇帝による中国の統一

紀元前２２１年、秦が中国大陸を統一し、春秋戦国時代の動乱が終結しました。

ここにおいて秦王・政は、「皇帝」という称号を採用し、始皇帝となりました。

始皇帝は、政権批判をする儒学者を穴埋めにし、言論・思想を統制するなどしました。これを「**焚書坑儒**《ふんしょこうじゅ》」と呼びます。

始皇帝が行った焚書坑儒。左下では本が焼かれ、右下では学者が埋められている。

始皇帝はそのほかにも急激な改革と、法治主義を徹底しました。それまでにない強圧的な政治に、人々は反感を募らせました。

また、たび重なる遠征や、大土木工事により、民衆の負担は計り知れないものとなりました。

始皇帝から逃れる人々に手を貸した縄文人たち

この圧政から逃れたい人々に、救いの手を差し伸べたのが、西日本にいる縄文人たちでした。

東アジアの海を行きかい、中国大陸と交易をしていた海の商人たちは、激動に戸惑う大陸の人々が平和な地への移住を欲していることを敏感に感じとります。

大陸の人々は、自発的に、あるいは誘われて、縄文人

航海に出る徐福（歌川国芳画）

たちの船に乗り、日本へと上陸しました。

縄文人たちが大陸の人々を招き入れたのは、気候の寒冷化にともなって従来の生活が維持できなくなり、人口が激減していたためです。

停滞し始めていた縄文社会に活力を取り戻すには、**大陸からの移住者を募る**しかなかったのです。

これが大陸からの移住者流入の第一波となりました。

別の項（22ページ）でも記したように、縄文文化は異質な文明を融合させたうえに成っていました。縄文人は異質なモノの取り込みには慣れていたのです。このため異質な大陸の人々とのあいだに、大きな衝突は起こりませんでした。

縄文人と大陸の人々は、混血するなどして次第に融合し、ここに弥生時代が始まります。大陸の**水稲耕作**も驚くほどのスピードで普及し、新しい食料獲得システムを得たことで、日本列島の社会は次第に活性化されていくのです。

古代中国の歴史家・司馬遷の著した『史記』の「秦皇帝本紀」に、次のようなエピソードがあります。

――始皇帝が不老不死の薬を欲していることを知った方士《ほうし》（方術を使う宗教者）徐福は「東の蓬莱島《ほうらいじま》に不老不死の仙薬がある」と売り込んで、始皇帝から巨額の資金を引き出し、多数の若い男女を連れて船出した。平原広沢を得てその地の王となり、二度と帰らなかった――

有名な**徐福伝説**です。

日本の佐賀県や和歌山県には徐福上陸の伝承が残されています。徐福の実在や日本上陸を証明することは困難です。しかし、伝説の背景を考えることは可能でしょう。『史記』の記述からは、始皇帝の圧政を逃れて、新天地に旅立つ人々の姿が垣間見えます。

秦の始皇帝の圧政により苦しんだ人々が移住をはかる

世界史

日本史

停滞した縄文社会に活力を取り戻すために大陸からの移住者を受け入れる

時代	年代	日本の出来事	世界の出来事
先史時代	約230万年前		ホモ・ハビリスが出現
	約15～10万年前	旧石器時代	ホモ・サピエンスが出現
	約6万年前		「出アフリカ」
	約5万年前		人類の祖先が南方アジアに到達する
	約2万年前		ラスコーなどの洞窟画が描かれる
縄文時代	約1万2000年前	縄文時代の始まり	
	約1万1000年前	ヤンガードリアス寒冷期が始まる	ヤンガードリアス寒冷期が始まる
	約5500年前	三内丸山に大規模集落ができる	長江文明・エジプト文明が興る メソポタミア文明が興る
	紀元前1750年頃		ハンムラビ法典が発布される

日本史×世界史　つなげる年表①

（先史時代～弥生時代）

縄文時代　弥生時代

紀元前１６００年頃		中国に「殷」が興る
紀元前１１００年頃		中国に「周」が興る
紀元前１０５０年頃	亀ヶ岡文化が栄える	ギリシャで都市国家が形成される
紀元前１０００年頃		アナトリア半島にヒッタイト王国が興る
紀元前７７１年		周が犬戎に侵攻される
紀元前７７０年頃		中国で春秋戦国時代が始まる
紀元前５００年頃	環濠集落が出現する	
紀元前４３８年		パルテノン神殿が完成する
紀元前４００年頃	弥生時代の始まり	
紀元前４００〜前３００年	水稲耕作が本格的に始まる 吉野ヶ里に環濠集落が出現する	
紀元前３３４年頃		アレクサンドロス３世が東方遠征に出発する
紀元前２２１年		秦の始皇帝が中国を統一する
紀元前２２１年頃	大陸からの移住者流入が始まる	
紀元前２０６年		中国に「漢」が興る
紀元前97年頃		『史記』が成立する

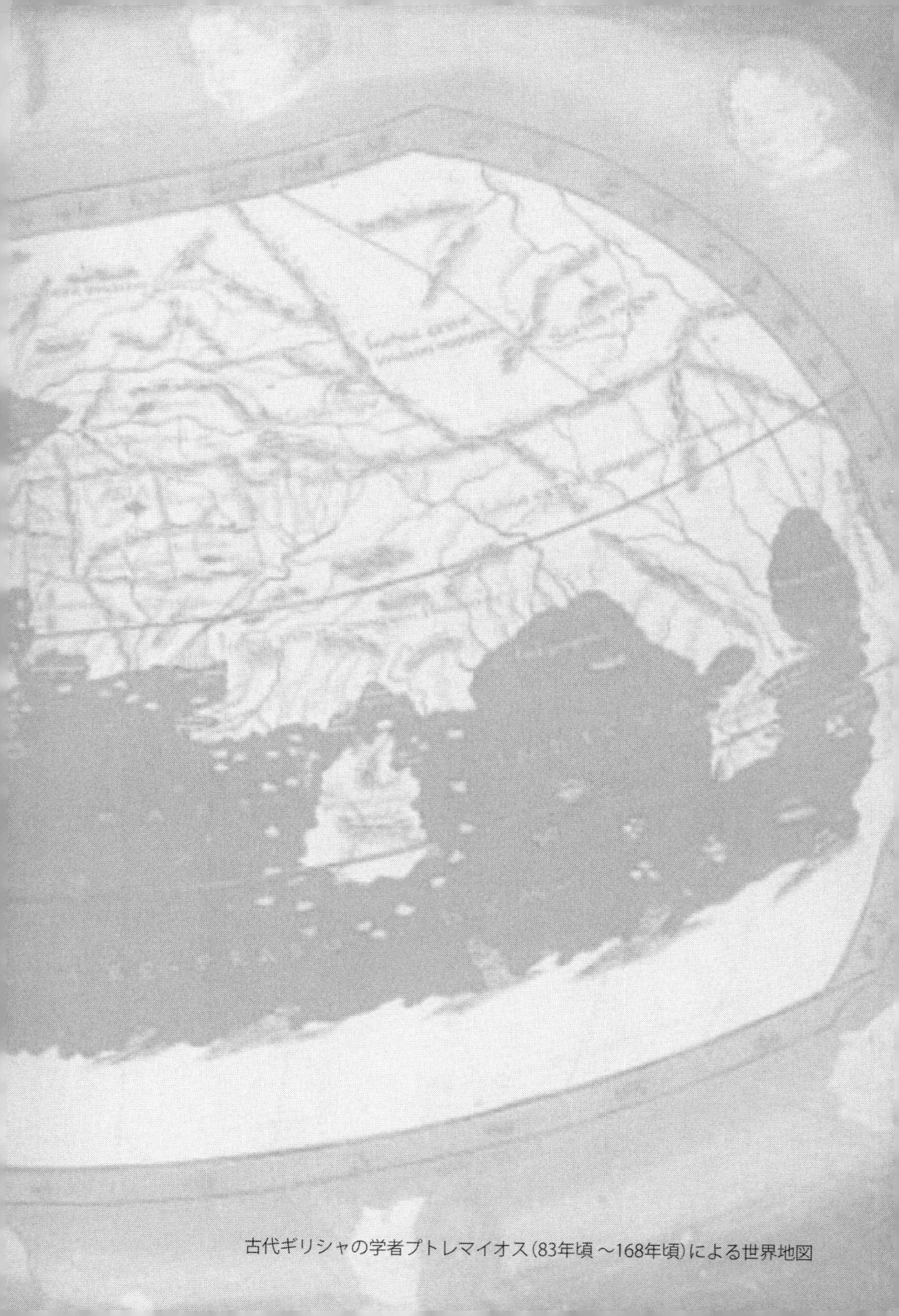

古代ギリシャの学者プトレマイオス（83年頃～168年頃）による世界地図

2章

世界の文明の発展と日本の国際デビュー

日本史
世界史

1世紀

世界にデビューした日本

ゆるやかな血と文化の融合

渡来系弥生人の流入により日本列島は、縄文時代から弥生時代へと移行し、文化も弥生文化が主体となりました。

弥生文化といえば水稲耕作や金属器（青銅器）などを想像しますが、これらすべてが大陸由来と限ったものではありません。**弥生文化の多くは縄文文化と融合して生み出されました。**

弥生時代中期の安徳台《あんとくだい》遺跡（福岡県那珂川《なかがわ》市）から検出された渡来系弥生人の人骨をＤＮＡ鑑定したところ、遺伝的特徴は縄文人に近かったそうです。緩やかに混血が進むなか、縄文文化が大陸文化を取り込むかたちで、弥生文化が形成されたと思われます。

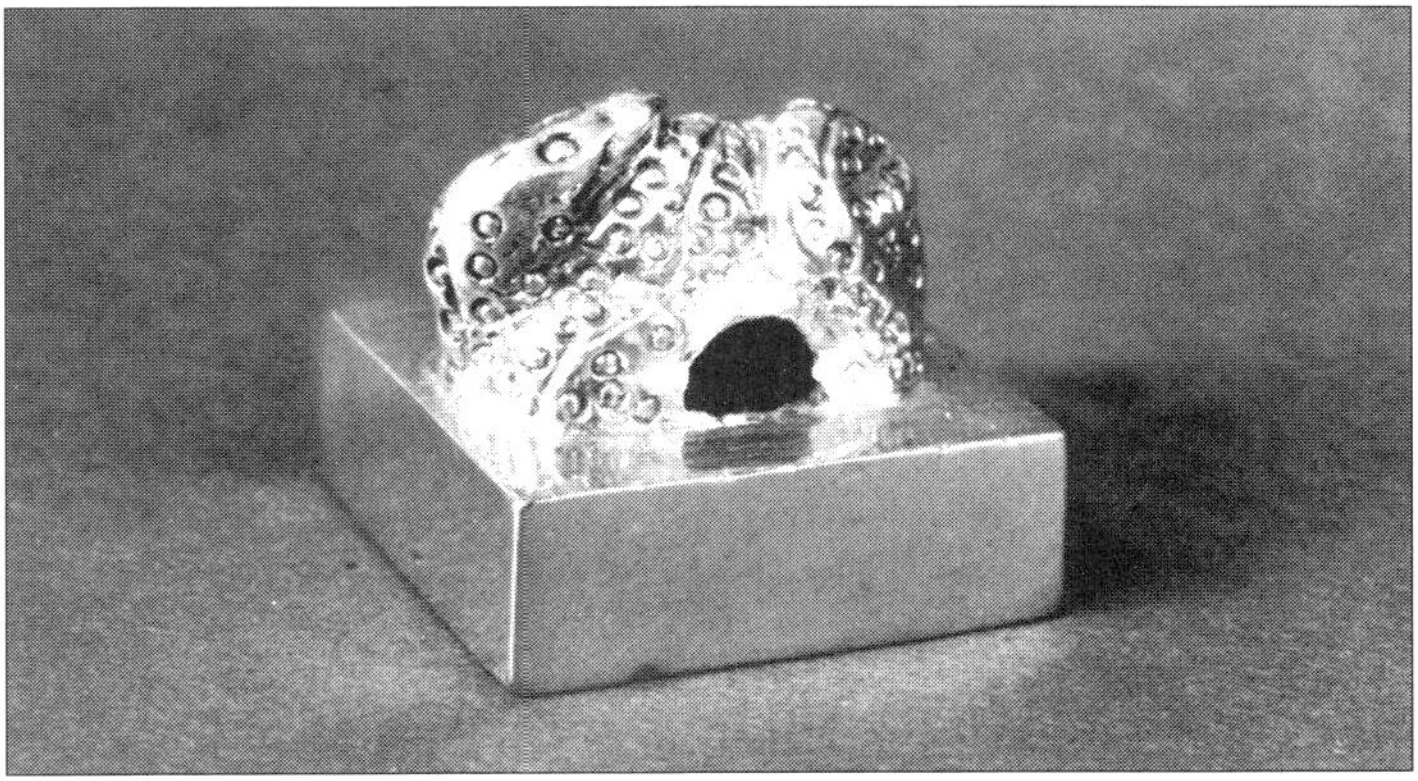

光武帝が与えた「漢委奴国王」の金印（写真提供：毎日新聞社/時事通信フォト）

中国の歴史書に記された弥生時代の日本

弥生時代の日本の状況は、中国の歴史書で語られています。『漢書』地理志には次のようにあります。

「楽浪《らくろう》付近の海に倭人《わじん》はおり、100ばかりの国に分かれている。倭人はしばしば我が国に来て、皇帝にお目通りを願う」

皇帝に目通りを願ったのは、中国王朝の冊封《さくほう》体制下に入るためでした。中国皇帝に臣従の礼をとることにより、王権の正統性を権威づけてもらうのです。

国々が分立し、ドングリの背比べをしているような状況下で、国としての基礎を強化し他の国より一歩先んじるには、傑出した権力と結びつくのが確実な道でした。このため国々の王たちは中国の皇帝に使者を送ったので

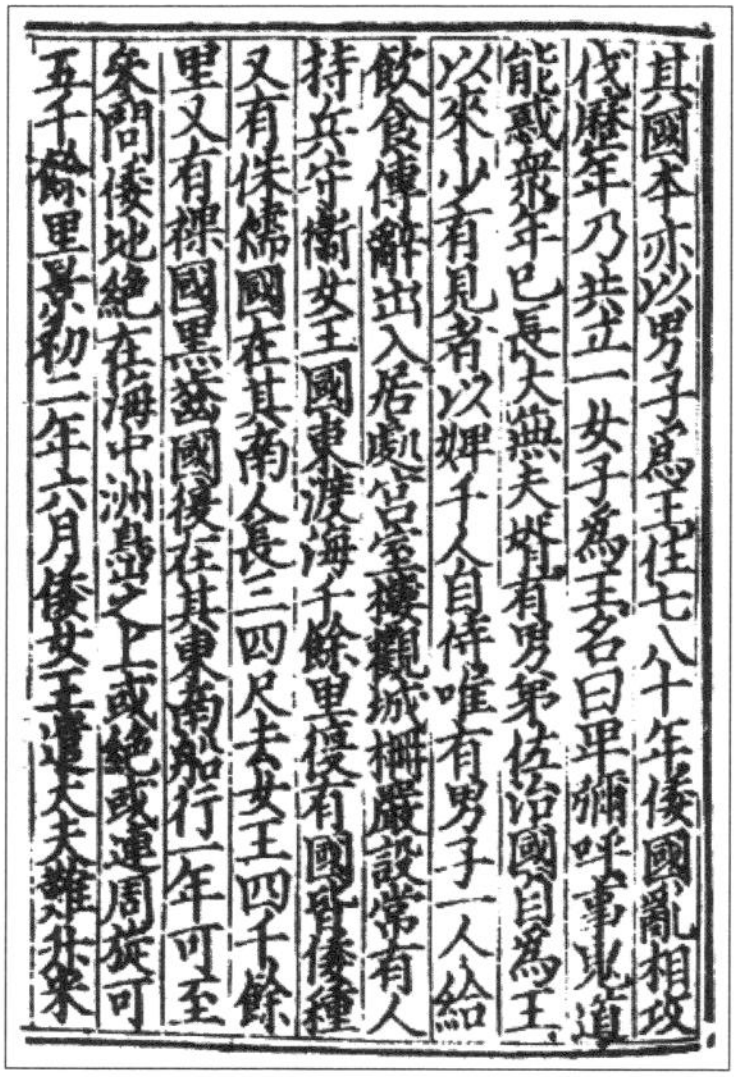
其國本亦以男子爲王住七八十年倭國亂相攻
伐歷年乃共立一女子爲王名曰卑彌呼事鬼道
能惑衆年已長大無夫婿有男弟佐治國自爲王
以來少有見者以婢千人自侍唯有男子一人給
飲食傳辭出入居處宮室樓觀城柵嚴設常有人
持兵守衛女王國東渡海千餘里復有國皆倭種
又有侏儒國在其南人長三四尺去女王四千餘
里又有裸國黒齒國復在其東南船行一年可至
參問倭地絶在海中洲㠀之上或絶或連周旋可
五千餘里景初二年六月倭女王遣大夫難升米

『魏志』の卑弥呼に言及した部分

す。『後漢書』東夷伝には次のように記されています。

「57（建武中元2）年、倭の奴国の使者が貢物を携えて、我が国に朝貢した。使者は大王の使いと名乗った。奴国は倭国の最南端にあるという。光武帝（後漢王朝初代皇帝）は、奴国王《なのこくおう》に印綬を与えた」

光武帝が奴国王に与えた印綬が、有名な**「漢委奴国王《かんのわのなのこくおう》」の金印**です。

倭国大乱と卑弥呼の登場

『後漢書』東夷伝には、次のような記述も見られます。

「桓霊のあいだ（後漢王朝の桓帝と霊帝の時代のこと。147年～188年頃に当たる）倭国大いに乱れ、さらに攻めあって、歴代主がいない状態である」

これが古代史上の大事件、**「倭国大乱」**です。この動乱が起こったのは、気候の寒冷化にともなって生活の維持が困難になり、社会が混乱したためです。水稲耕作が普及して、各国が底力をつけていたことも、混乱を大きくする要因となりました。この状況は約半世紀も続いたため、首長たちはさすがに「まずい」と思ったらしく、事態の収拾に向けて動きます。

結果、彼らは広域政治連合のもとにまとまることになります。**邪馬台国**の女王・**卑弥呼**を盟主とする「邪馬台国連合」はそのうちのひとつでした。

弥生時代になって日本は初めて、中国の歴史書に記されるようになりました。

この頃の国際社会といえば、中国王朝を中心とした東アジア社会でした。弥生時代は日本人が、**国際社会にデビューした時代**と理解して良いでしょう。

世界史

漢の洪武帝が
冊封体制下に入った
倭国の王に
金印を与える

日本史

倭王が中国の
冊封体制下に入るが
倭国大乱のあとに
卑弥呼が登場する

日本史
世界史
3世紀

「三国志」時代の中国の攻防を見つめていた倭国の人々

東アジアを襲った気候の寒冷化

100年前後から80年以上も続いた気候の寒冷化は、弥生時代の日本を「倭国大乱」に追い込み（48ページ参照）、東アジア全域で猛威を振るいました。

『後漢書』は、107年のこととして、「天下に飢餓が蔓延している。人々は競うようにして盗賊になっている。豫州《よしゅう》では食い詰めた人間たちが、万余も盗賊となっている」と記しています。

このあとに記された正史『三国志』にも、「袁紹《えんしょう》・袁術といった大軍閥でも、軍糧の支給がままならず、木の実やタニシを食べてしのいでいる」旨が記されていて、当時の惨状を伝えています。

左から劉備・曹操・孫権

後漢王朝の衰退と三国時代

弥生時代の日本が、邪馬台国連合に代表される広域政治連合を作ることで急場をしのいだのに対し、中国では秩序が完全に崩壊してしまいます。184年に起こった黄巾《こうきん》の乱を機に、屋台骨が揺らいでいた後漢王朝が機能不全に陥ってしまうのです。

黄巾の乱を収束させたあとも、民衆反乱が続発。後漢王朝は求心力を失い、中国は**群雄割拠の時代**に入ります。

このなかから「魏」の曹操、「呉」の孫権、「蜀漢（単に「蜀」とも）」の劉備が台頭し、三国が覇を競い合う時代に入ります。現代人にもなじみ深い**『三国志』の時代**です。

最初にリードしたのは魏の**曹操**でした。屯田制や兵戸制で経済・軍制の改革に成功した曹操は、農業改革によって食糧の増産にも成功して大軍勢を養う術を得、黄河中

～下流域と河北地域をまたたく間に支配してしまいました。

これに続いたのが呉の**孫権**です。長江下流域を支配していた孫権は、江南地方の豊かな富を背景に力を伸ばし、最終的には長江中流域も支配下に治めます。

もっとも出遅れたのは**劉備**です。軍団長としては優秀であり、戦闘になるとなかなかの力量を見せるのですが、なにをするにも出たとこ勝負なので、勝ちが続きません。それでも名参謀の諸葛孔明を得ると、水を得た魚のように快進撃を始めました。

三国の攻防を見つめていた倭国の人々

この三英傑は208年、赤壁（現在の湖北省咸寧市赤壁市）において、曹操VS孫権・劉備というかたちで激突しました。有名な「赤壁の戦い」です。

曹操は数に任せて攻めましたが、地の利が連合軍側にあることや、不慣れな水戦、疫病の発生などにより、惨敗を強いられてしまいます。

しかし、三国中で魏が大勢力であることに変わりはなく、曹操没後は曹丕《そうひ》が名実ともに魏の皇帝となり、曹丕の没後は曹叡《そうえい》が明帝として君臨しました。

三国攻防の様子を日本列島では、邪馬台国連合を含む広域政治連合のトップたちが固唾《かたず》をのんで見つめていました。いずれが天下を制するか見極め、新しい権威にみずからの王権を、最高のかたちで保証してもらう必要があったからです。

最初に動いたのは丹後半島に割拠する実力者でした。

京都府京丹後市峰山町の大田南5号墳から、「青龍三年」の銘が入った方格規矩四神鏡《ほうかくきくししんきょう》が検出されています。

「青龍」は魏王朝が曹叡（第2代皇帝明帝）の代に使用した年号であり、同3年は西暦２３５年に当たります。

それから4年後の２３９年（魏の景初3年）卑弥呼の派遣した使者が魏王朝に至ります。

現在の山梨県と兵庫県に割拠した首長は、「呉が天下を制する」と見たようです。両県からは「赤烏《せきう》」の

魏の年号の入った方格規矩四神鏡（写真提供：時事）

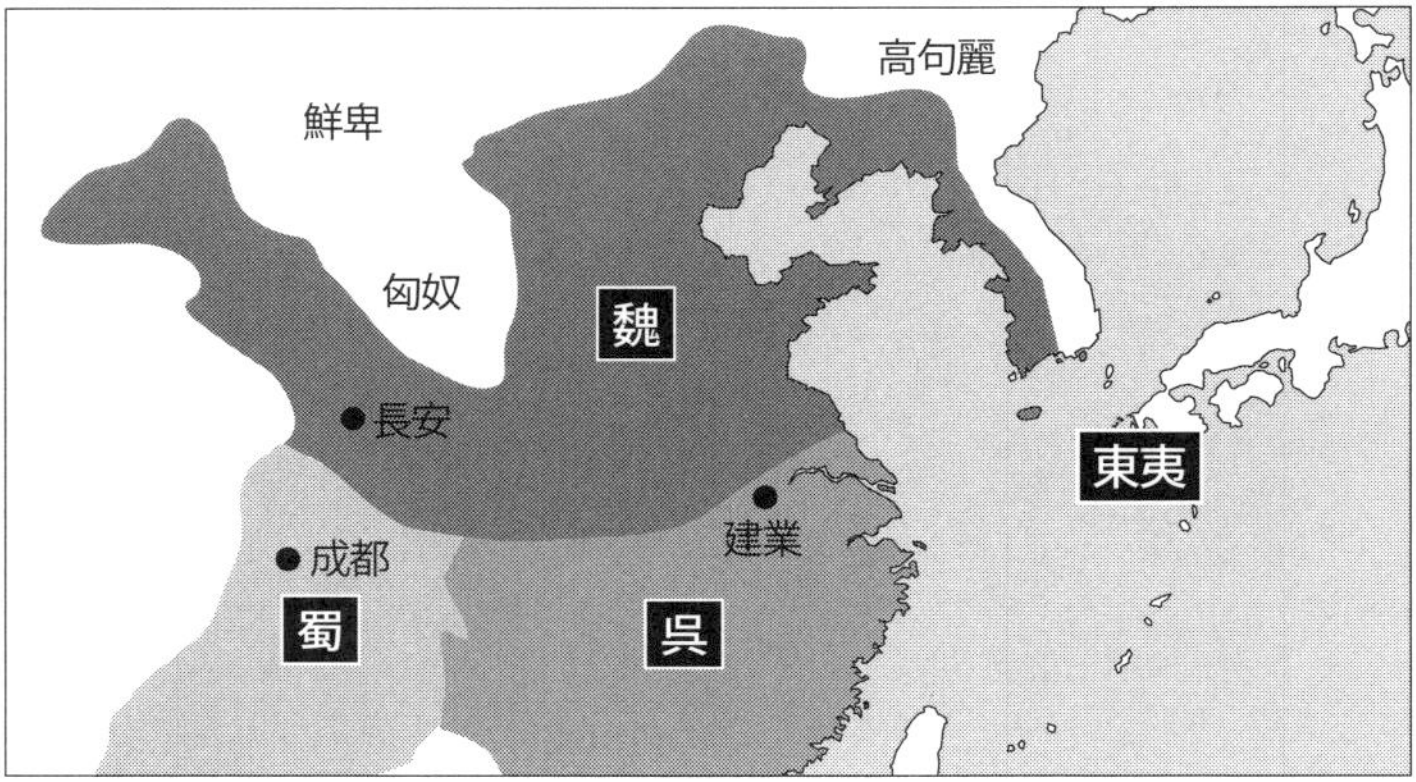

三国志時代の中国

年号が入った銅鏡が見つかっています。「赤烏」は238年から251年まで使用された呉の年号です。

この外交戦を制したのは、卑弥呼と邪馬台国連合でした。『魏志倭人伝』は、明帝が卑弥呼に銅鏡100枚を与え、さらに「親魏倭王」の金印を与えた旨が記されています。

この銅鏡に関しては、各地の遺跡から出土する「三角縁神獣鏡《さんかくえんしんじゅうきょう》」が有力視されていますが、詳しいことは不明です。

なぜ魏王は東夷を厚遇したのか

中国には古代から「中華思想」という考えかたがありました。中国を文化的な開明国、周辺諸国を野蛮な未開国とするものです。

東の地域は「**東夷**《とうい》」と呼ばれていました。「東の野蛮人たち」という意味です。この東夷に親魏倭王の称号と、金印・銅鏡を与えたのです。これは**破格の厚遇**と言っても良いでしょう。

魏国が倭国を厚く遇したのは、呉との関係を考えてのことでした。

魏は曹操の時代に、赤壁の戦いで呉・蜀漢連合軍に敗れています。しかも、皇帝孫権は名君で侮りがたい相手です。加えて呉は、朝鮮半島に多少の利権がありました。その利権を奪ったのですから、北伐を敢行する危険性があります。魏サイドは倭国に、**呉の背後をけん制する役割**を期待した結果、異例の厚遇となったのです。

邪馬台国時代の日本は、東アジアのなかでバランサー的な役割を果たしていたと考えて良いかも知れません。「三国志」の英雄たちを巻き込んでの大胆な外交戦が繰り広げられた三国志の世界には、弥生時代の日本も関係していたのです。

世界史

群雄割拠の時代に入った中国で魏・呉・蜀の3つの国が頭角をあらわす

日本史

3国のパワーバランスを利用して魏王から厚遇を受ける

日本史
世界史

5世紀

巨大古墳の造営で力をアピールした倭国の王

中国の歴史書から消えた「倭国」

邪馬台国の女王・卑弥呼は、『魏志倭人伝』中に、「よく衆を惑わす」とあるため、宗教的カリスマ性を帯びた女性と考えられています。

その卑弥呼が亡くなったあと、邪馬台国は男王を立てましたが、この王には宗教的カリスマ性がなかったため、邪馬台国連合は混乱してしまいます。

そこで、卑弥呼の血筋に属する台与《とよ》（壱与）を女王に据えて混乱を治めます。台与は魏王朝を滅ぼした西晋王朝に使者を送りましたが、その頃から中国の歴史書から「倭国」の記述は一時消えました。

左:東晋を建てた元帝　右:倭の五王の「讃」に比定される仁徳天皇

中国王朝と倭の五王の関係

その後、中国王朝の歴史書に「倭国」の記述が現れるのは、台与の使者派遣から１４７年後です。「倭王・讃《さん》」なる人物が、東晋王朝に使者をよこした旨が記されています。

倭王・讃は仁徳天皇、もしくは応神、履中《りちゅう》天皇に比定される、ヤマト政権の最高権力者です。このあと「珍」「済」「興」「武」の四王が使者をよこしたことが、中国の歴史書に記されています。

日本史上にいう**「倭の五王」**です。

王たちが中国王朝に使者を送ったのは、冊封体制下に入るためです。ヤマト政権の基盤はまだ弱く、中国王朝の冊封体制下に入るしか、政権維持の活路はなかったのです。

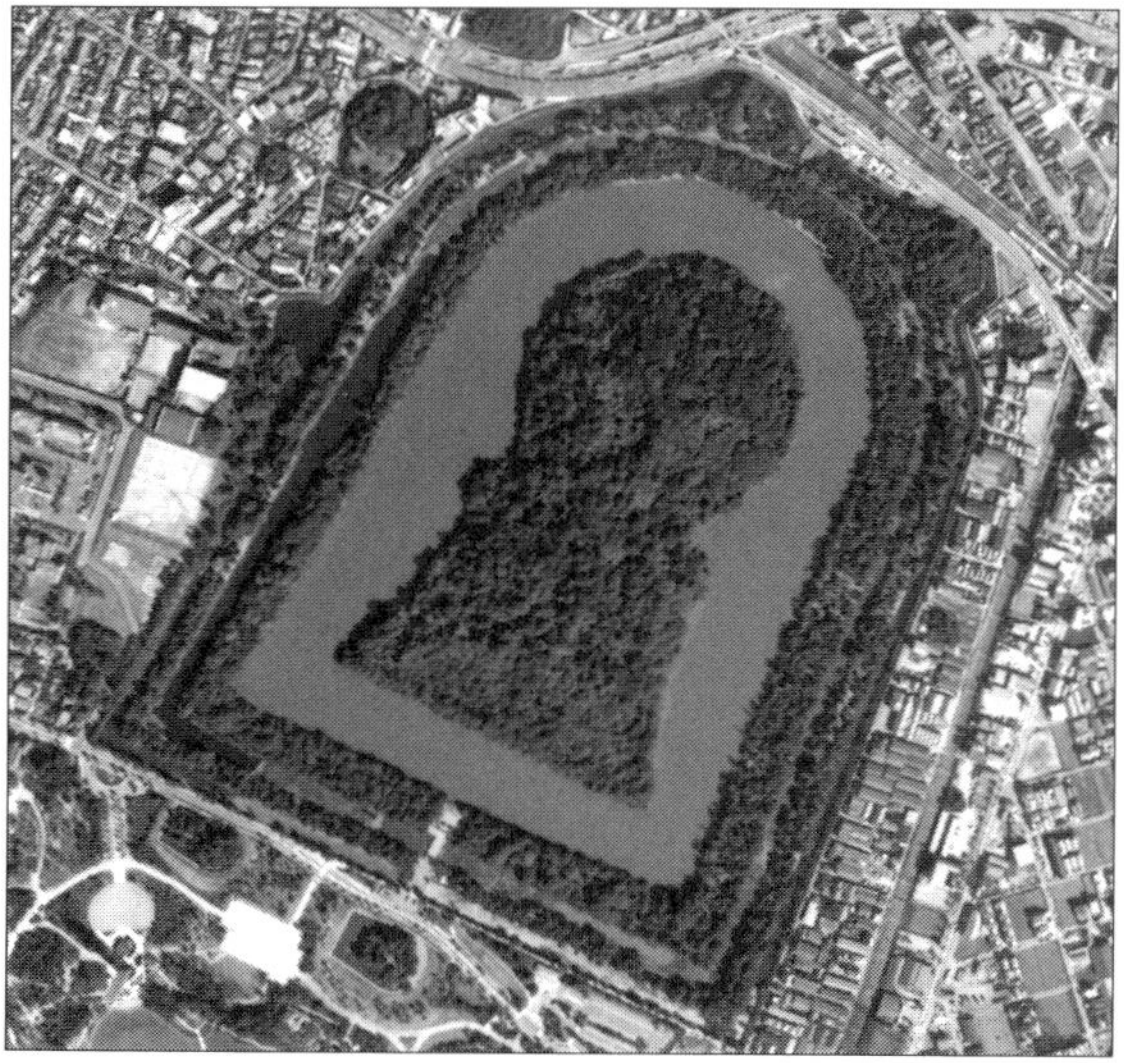
大仙陵古墳（© 国土画像情報（カラー空中写真）国土交通省）

しかし、王たちも唯々諾々と、中国皇帝の威光を借りていたわけではありません。対外的にみずからの意志を示すモニュメントを築いていました。それが**巨大古墳**です。

古墳をつくることで東アジアに存在をアピールする

５世紀に入ると、外交の玄関口たる大阪湾を臨む場所に、巨大古墳群が造営されます。２０１９年に大阪府初の世界遺産として登録された、百舌鳥《もず》古墳群と古市古墳群です。

古墳群の中で倭の五王と関係があるのは、大仙陵《だいせんりょう》古墳（仁徳天皇陵・墳丘長５２５メートル）、上石津《かみいしづ》ミサンザイ古墳（履中《りちゅう》天皇陵・３６５メートル）、土師《はぜ》ニサンザイ古墳（反正《はんぜい》天皇陵墓参考地・300メートル）、市ノ山古墳（允恭《いんぎょう》天皇陵・230メートル）です。

古墳は現在でこそ、樹木がうっそうと生い茂っていますが、造られた当初は石で葺《ふ》かれており、陽光を浴びて燦燦《さんさん》と輝いていました。

はるばる大陸からやってきて、大阪湾からこれを望見した外国使節の驚きは、想像するに余りあります。同時に、これだけの大工事に民を使役できる、王権の強大さにも舌を巻いたことでしょう。

大阪湾を望む河内《かわち》平野の巨大古墳は、倭国の威信を対外的に発信する目的で築造されました。これは倭王が、東アジア地域で存在し続けることの決意表明であると同時に、プライドの発露だったのです。

世界史

中国の王朝が倭の五王の使者を受け入れ冊封体制下に組み込む

日本史

巨大古墳の造営をすることにより大陸の人々に力をアピールする

日本史
世界史
5世紀

渡来した文化を取捨選択してつくられていった日本人の特性

ヤマト政権にのみ許された前方後円墳

邪馬台国の女王・卑弥呼を盟主とする、広域政治連合が築かれた時代から、推古天皇の御代までを「古墳時代」と呼びます。

この時代は、日本列島各地に古墳が築造されました。方墳、円墳、**前方後円墳**、帆立貝式古墳……。このうち前方後円墳は、邪馬台国政治連合のあとを継承した、**ヤマト政権**のシンボルでした。

前方後円墳は、ヤマト政権の首長、もしくは同政権との同盟者のみが築造を許されました。この政治システムを「前方後円墳体制」と呼んでいます。

左:王仁　右:王仁のものと伝えられる墓(大阪・枚方市)
(©Y.Matsuura 1965 Virgo licensed for reuse under Creative Commons Licence)

日本列島への渡来人たちの流入が始まる

古墳時代からあとの奈良時代に到るまで、日本列島には中国大陸や朝鮮半島から、多数の人々が流入してきました。

彼らを「**渡来人**」と呼んでいます。

古いところでは、応神天皇の御代に来た弓月君《ゆづきのきみ》、阿知使主《あちのおみ》、王仁《わに》がいます。列挙すると以下の通りです。

弓月君は秦の始皇帝の子孫とされ、養蚕と機織を伝えました。阿知使主は後漢の霊帝の子孫とされ、政権内で文筆・財政を担当しました。

そして王仁は論語と千字文《せんじもん》（書の手本用の漢詩）を携えて渡来し、古代中国の思想家・孔子が創始した儒学を伝えました。

彼らは大陸の知識や技術を伝えると同時に、率いてきた民とともに日本に根を下ろします。

そして、このなかから「秦氏《はたうじ》」「漢氏《あやうじ》」といった氏族が出て、ヤマト政権で重きをなすようになるのです。

仏教の流入と同時に進んだ大陸文化の導入

時代が下って、仏教を受容し、仏教を中核とした国造りを推し進めるようになると（64ページ参照）、海外からの情報の流入量は飛躍的に増加しました。

最古の印刷された書物『金剛般若経』（唐代）

仏教は、教えのみで成り立っているわけではありません。教えを広めるためには、寺院や仏像、経典などの道具が必要になります。

仏教は当時、東アジア最先端の思想でした。ですから、寺院建築、経典作成、仏像制作の技術は、先進の技術になります。仏教の受容は、同時に**大陸の進んだ技術の導入**でもありました。

それ以外にも、政治システムや風習、習慣などありとあらゆるものが渡来人によってもたらされました。古代国家形成期の日本は、外来文化の波にさらされ続けていたのです。

古墳時代の前には弥生時代があり、その前には縄文時代がありました。**古代の日本の文化は、縄文と弥生の伝統の上に、大陸文化がプラスされて成立した**と考えることができるでしょう。

もっとも、古代の日本は、先進的な外来文化であれば何でも無批判に、すべてを受け容れたわけではありませんでした。

たとえば、生贄《いけにえ》の風習や宦官《かんがん》（男性を去勢して宮廷に入れること）は、採用しませんでした。都市をめぐる城壁や、皇帝を祀る宗廟も受け容れませんでした。外来文化の強い刺激を受けつつも、みずからの価値観を保持していたのです。

中国大陸や朝鮮半島から人々が日本に渡り根を下ろす

世界史

日本史

渡来人の受け入れとともに大陸の先進技術を導入する

日本史
世界史
6世紀

仏教で中華思想に対抗した蘇我氏と推古天皇

仏教の伝来で生じた対立

紀元前6世紀に古代インドで誕生した仏教は、東南アジアや中央アジアに伝播したあと、シルクロードを通って中国に伝わり、6世紀に朝鮮半島を経て、日本に伝来します。

日本に定着したのは、欽明《きんめい》・敏達《びだつ》・用明の3天皇を経てのことです。

定着まで3代を要した理由については、「仏教の受容を主張する蘇我氏と、日本古来の神道を重視する物部《もののべ》氏の対立」があったためです。

日本には八百万の神がいます。外来の神の受容に抵抗を示す物部氏サイドの反応は当たり前のことでした。

左：伝聖徳太子　右：推古天皇

仏教を受け入れた理由

日本史上「崇仏《すうぶつ》論争」と呼ばれるこの対立は、単なる宗教論争から政争にまで発展し、ついには武力衝突に至ります。

勝利したのは**蘇我氏**でした。これによりヤマト政権では、仏教受容の基盤が整うのです。

用明天皇の死後、皇位は崇峻《すしゅん》天皇を経て、推古天皇が継承しました。日本史上初めてとなる女帝の誕生です。

５９４年、推古女帝は天皇直々の仏教振興命令となる、**「仏教興隆の詔《みことのり》」**を出します。これによりヤマト政権は、総力を結集して仏教の受容を推し進めることになるのです。

ヤマト政権が仏教振興に力を入れたのには、複数の理由があります。

1つ目は仏教が**東アジアのグローバルスタンダード**になっていた点です。

中国や朝鮮半島では、仏教は仏の力による国家鎮護の法として、さかんに信仰されていました。仏教を受容しなかったとしたら、古代日本は東アジア世界のなかで大きく後退してしまいます。そのような事態を防ぐために、固有の神信仰がありながらも、**国をあげての外来宗教受容**に踏み切ったのです。

2つ目は技術の受容です。仏教は当時最先端の思想であり技術でしたから、大陸の進んだ技術を受容する意味でも、仏教の受容は理にかなっていたのです。

3つ目はアイデンティティの確立です。別の項でも見たように古代の日本は、中国王朝の冊封体制下に入り、中国皇帝の権威で王権を保証してもらっていました。ヤマト政権もこの路線を踏襲していましたが、欽明朝あたりから冊封体制からの離脱を模索し始めます。

中華思想に対抗する価値観としての仏教

ただ、そのためには障壁がありました。中国には古くから「**中華思想**」があります。

これは自国＝世界の中心に位置する文化的国家、周辺国＝未開の野蛮国とする考えかたです。中華思想の枠内にある限り、どんなに「我々は文化国家だ！」と主張しても、「所詮は自称」としか見られないのです。

自主独立路線確立のためには、この中華思想の土俵に乗らないことはむろん、中華思想に対抗できるスケールを持つ価値観のうえで対抗するしかありませんでした。

中東の人々を思わせる顔立ちをした「仏陀直立像」

その方法を模索しているとき、もたらされたのが仏教でした。

仏教は古代インドで釈迦が創始した教えであり、中国起源ではありません。加えて、東アジアのグローバルスタンダードとして中国でもさかんに信仰されています。

東アジア最大の仏教国になることは、**仏教という枠組みにおいて、中国王朝以上の存在になる**ことを意味します。これは、中華思想という枠組みでは周辺諸国にすぎなくとも、仏教の枠組みでは

東大寺の大仏

中国王朝を周辺諸国に組み込めることを意味します。ヤマト政権は、世界の中心となるため、仏教の積極的振興をはかったのです。

須弥山と東大寺大仏

時代がくだって斉明女帝の御代になると、飛鳥の地には盛んに**須弥山**《しゅみせん》が作られます。これは仏教が説く「世界の中心に位置する高い山」のことです。

東大寺に座する大仏は、日本の中心化計画の総仕上げともいうべきものでした。推進したのは、奈良時代に帝位にあった聖武天皇です。

国家鎮護の法を記した経典「金光明最勝王経《こんこうみょうさいしょうおうきょう》」を各地に配った天皇は、次いで「国分寺建立の詔」を出し、国ごとに国分寺と国分尼寺を建立。さらに**「大仏造立**

の詔」を出すのです。

東大寺大仏の開眼供養は、752年に行なわれました。式典には、皇位を娘に譲った聖武上皇、孝謙女帝ほか多数の官人に加えて、1万数千人もの僧が列席しました。開眼導師を務めたのは、インドの僧・菩提僊那《ぼだいせんな》でした。「仏教伝来後、これほど盛大な儀式はなかった」とは、『続日本紀』中の記述です。まさに東アジア最大の仏教イベントでした。

このあと大仏は、東北で発見された黄金により、金メッキを施され、金色燦然と輝きつつ、大和の地にあり続けるのです。仏教を国造りの中核に据えることで、世界の中心になろうとした古代の日本。東大寺の大仏は、その象徴なのです。

古代インドで誕生した仏教が中国・朝鮮半島を経て日本に伝来する

世界史

日本史

仏教を取り入れることで中華思想に対抗し世界の中心を目指す

日本史
世界史
7世紀

「日本」「天皇」という名称は随に対抗するために生まれた

天皇と日本という名が制定される

私たちが現在当たり前に使っている「日本」「天皇」という名称は、689年に施行された本格的法律「浄御原令《きよみはらりょう》」において正式に決まりました。

それ以前は、天皇は**「治天下大王（あめのしたしろしめすおおきみ）」**を称し、国名は**「倭国《わこく》」**としていました。中国王朝が日本を「倭」と呼んだことから自称したのです。

「日本」「天皇」の名称の決定には、天智・天武・持統の三天皇が深く関わりました。ただ、この三天皇の代になって、急に切り替わったわけではありません。変更に向けた長い準備期間があったのです。

左：随の煬帝　右：聖徳太子

中国の冊封体制下からの離脱

日本は長いあいだ、中国王朝の冊封体制下にありました。冊封体制とは、中国王朝に朝貢して臣下の礼をとる代わりに、中国の皇帝の権威で王権を保証してもらう政治システムでした。

しかし、6世紀の中ごろから、ヤマト政権は冊封体制下からの離脱と、自主独立の道を模索し始めました。そして7世紀初頭には、次のようにしたためた国書を隋《ずい》帝国に送るのです。

「日《ひ》出《いづ》る処《ところ》の天子、書を日没する処の天子に致す。恙《つつが》なきや」

これは『隋書』東夷伝倭国条に記された文面です。この書を読んだ隋帝国皇帝・煬帝《ようだい》は、**「無礼な書なり」**と強烈な不満を露わにしたといいます。

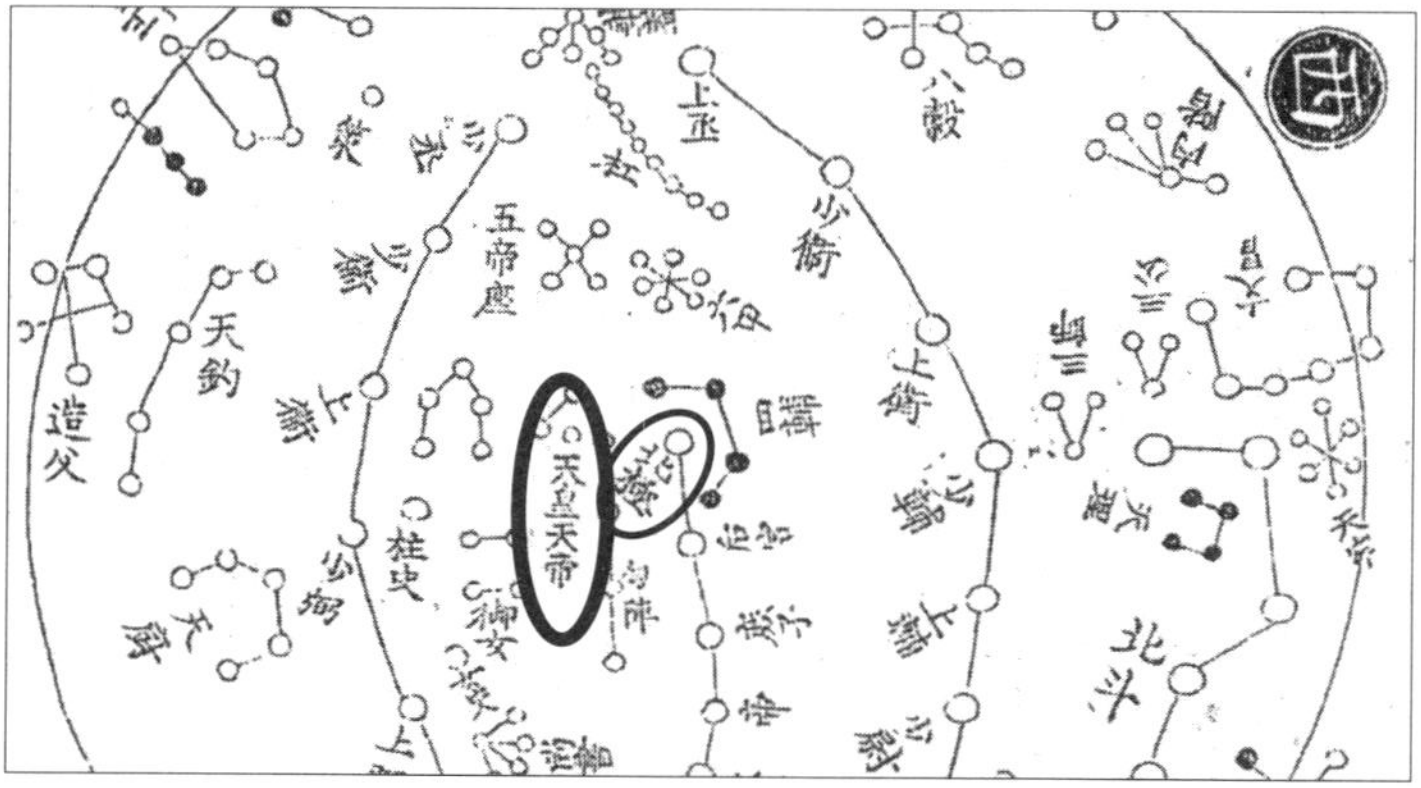

『和漢三才図会』の「北極紫微垣之図」に書かれた「天皇」の字。北極星のそばの星に例えられている。

煬帝がそのような反応をしたのは、倭国の王が「天子」を称していたからです。中国では「天子は地上にただひとり」と考えられています。その点を承知しながら、まるで対抗するかのように、「日出る処の天子」と自称したために、煬帝は怒ったのです。

「治天下大王」から「天皇」へ

煬帝にとっては非礼な国書ではありましたが、倭国にとっては成果がありました。倭国は、**隋王朝から冊封を受けなかった**のです。

こうして倭国の大王は、中国王朝から独立した君主であることが認められました。

その後隋帝国は煬帝の失政もあって、建国からわずか37年で滅亡し、唐帝国が誕生します。

これを受けて倭国では、中央集権化と富国強兵が叫ばれます。そうしなければ、唐帝国をはじめとする東アジア情勢の激動に飲み込まれてしまう危険性があったためです。

こうしたなか大化の改新が断行され、白村江《はくそんこう》の敗戦があり（77ページ参照）、天智・天武・持統の三帝により、律令国家体制作りが進められるのです。

政権のトップたる「天皇」の称号も、この動きのなかで決められました。

天皇とは道教（中国固有の民衆宗教）の**最高神格**で、皇帝と比較して何ら遜色がありません。

また、この動きのなかで「日本」という国号も制定されました。

天皇号と日本の国号は、激動化する東アジア情勢を受けて、国の基盤を強固にするために制定されました。国の存続と繁栄をかけたものだったのです。

随が滅び
唐が中国大陸を統一して
力を強めていく

世界史

日本史

中国の冊封体制下から
離脱するために
天皇・日本という名を
制定する

日本史
世界史
7世紀

白村江での敗戦が日本を律令国家に変えた

激動の東アジア情勢と唐の登場

東アジアは6世紀末から激動期に入ります。先ず、581年、分裂していた中国を統一し、隋王朝が誕生します。しかし、わずか37年で滅んでしまいます。

代わって中国大陸を統一したのは**唐王朝**でした。

唐は律令（法律）を整備して国家体制の基礎を確立するいっぽう、対外的にも積極策をとり、世界的大帝国へと膨張していきます。

新たなスーパーパワーの出現に朝鮮半島は激震しました。高句麗では淵蓋蘇文《えんがいそぶん》が対唐穏健派を排除し、対外強硬策を採ります。同半島の百済《くだら》では、義慈王《ぎじおう》が反対派を多数追放して権力を

乙巳の変で蘇我入鹿が首をはねられるシーンを描いた絵画（『多武峯縁起絵巻』より）

強化し、積極策に打って出ました。

クーデターによる蘇我氏の打倒と法の制定

こうしたなかヤマト政権は、**遣唐使**を派遣して唐との外交に積極的に取り組むも、内政面では最大実力者・**蘇我氏**の専横に頭を抱えていました。

蘇我氏の専横に関しては「帝位を狙う野心があった」云々と解説されることもありますが、これは後世に生きる人の理屈です。当時、「帝位を狙ってはいけない」という規定はなかったのです。

じつは古代日本は長いこと、地縁・血縁の結びつきで社会が成り立っており、法律は未制定でした。

かつて推古女帝の甥・厩戸豊聡耳《うまやどのとよとみみの》皇子《みこ》（聖徳太子）が「憲

法十七条」を制定したことがありましたが、これは役人の道徳に近いもので、罰則規定はなかったのです。

法律がないのは、船に動力や舵がついていないのと同じこと。先行き不透明なことこのうえありません。ましてや、東アジアは激動期。法が未制定で国家の方針が定まらないことには、国の存亡に関わってきます。

しかし、法を定めるには地縁・血縁で最大勢力となった蘇我氏が、抵抗勢力となることは確実でした。

645年6月12日早朝、飛鳥・板蓋宮《いたぶきのみや》で蘇我入鹿が暗殺され、蘇我蝦夷が自害へと追い込まれます。この**「乙巳《いっし》の変」**の首謀者は、**中大兄皇子《なかのおおえのおうじ》**と**中臣鎌足**でした。古代日本を法治国家とするため、蘇我氏を排除したのです。

このクーデターを受けて皇極女帝は退位し、女帝の実弟・軽皇子が皇位を継承して孝徳天皇が誕生します。政府内人事も一新され、中大兄皇子は皇太子、中臣鎌足は内臣として政権に参画し、**大化の改新**を断行します。

これにより「公地公民」「元号制定」「班田収授法」などの諸制度が定められました。

この改新は古代日本が東アジアの強国とし、激動の東アジア情勢に対応できる意図を込めた

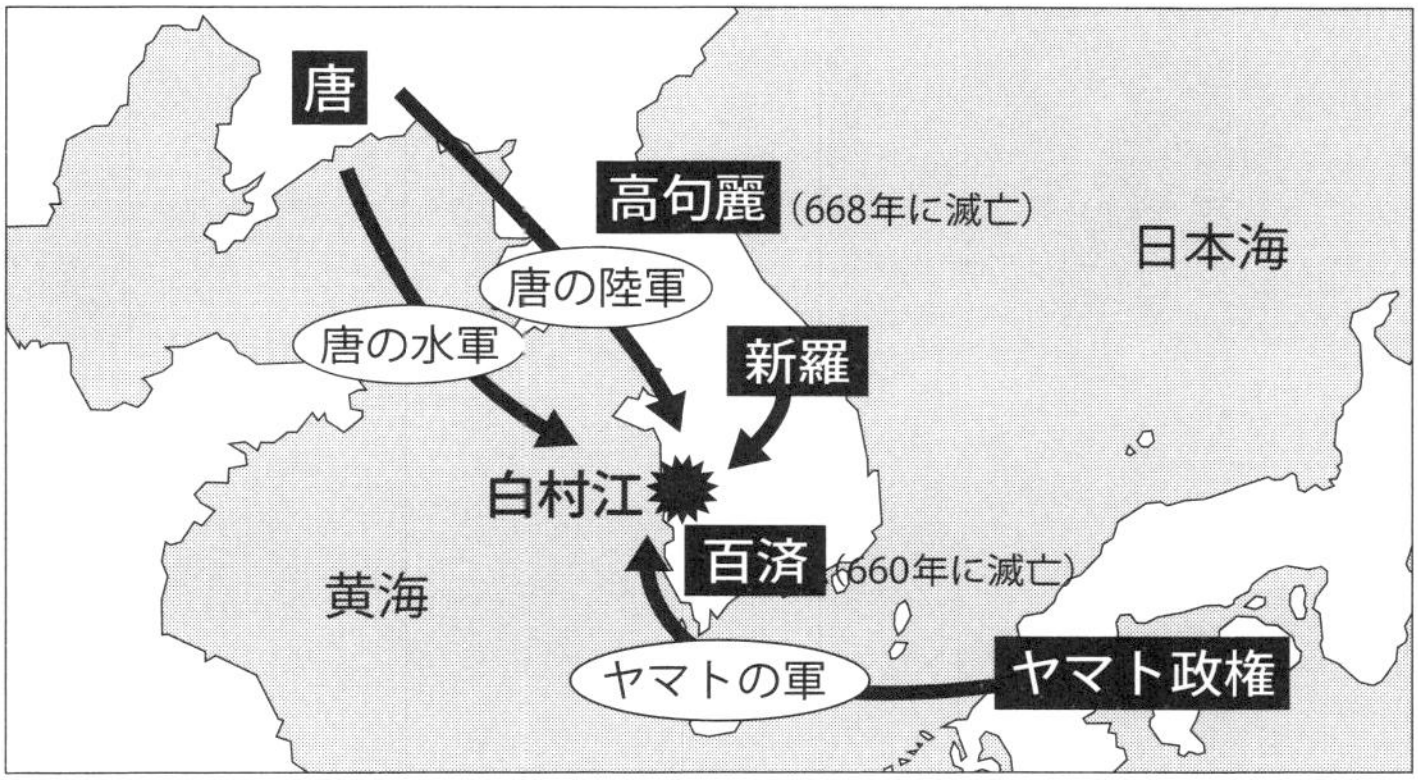

白村江の戦いでの軍の動き

ものでした。同時にヤマト政権が有力豪族連合を脱し、中央集権体制へと歩みだした第一歩となったのです。

白村江での手痛い敗北

しかし、一朝一夕で国が変わるはずもありません。ヤマト政権はこのことを、663年の**白村江《はくそんこう》での大敗北**で思い知らされます。

この戦いは、百済の救援要請を受け、軍を朝鮮半島に派遣し、唐・新羅連合軍と激突して起こりました。ここでヤマト政権軍は完膚なきまでの敗北を喫するのです。

勝敗を決め手は軍勢の形式でした。

唐帝国軍は国によって徴兵され、軍事訓練を受けた兵士で構成されています。いっぽうの日本国軍将兵は、これといった基準もないまま、各地の豪族が集めた**混合部隊編成**

左から斉明（皇極）天皇、天智天皇（中大兄皇子）、天武天皇

だったのです。

プロの軍団と寄せ集め集団。これでは勝負になりません。国の行政・業務などすべてが、法律に則って行われる律令体制の唐帝国と、法や制度の制定が始まったばかりの古代日本の差が出たのです。

敗戦を知った中大兄皇子は、唐の侵攻に備えて国の守りを固めるいっぽう、都を飛鳥の地から内陸部の近江大津宮に遷都し、６６８年に正式に即位して天智天皇となりました。初代天皇・神武帝から数えて38代目の天皇です。

律令の制定に邁進していた天智天皇は即位から２年後、**「庚午《こうご》年籍《ねんじゃく》」**を作成します。これは日本初の全国的戸籍であり、徴兵と徴税をスムーズに行うために作られました。

戸籍成立の翌年、天智天皇は没したため、実子の弘文天皇を経て、実弟の大海人皇子が天武天皇として即位します。

天武→持統→文武と代を重ねるなかで律令制度制定が精力的に

進められ、奈良時代の初期に「大宝律令」、のちに「養老律令」が制定されるのです。

ところで、日本は現在までに3回の敗戦を経験しています。

1回目がこの白村江の敗戦で、2回目は幕末維新期です。幕末維新期については、武力を背景とした恫喝外交で開国に追い込まれたのは、敗戦に等しい出来事です。

3回目は、太平洋戦争での敗北です。

興味深いことに日本は敗戦のたびに、戦勝国の政治・制度を採り入れて復興してきました。太平洋戦争後には自由と資本主義を、明治維新後には欧米の政治・制度を、白村江の敗戦のあとは、唐帝国の律令国家体制を採り入れたのです。その意味において白村江の敗戦は、幕末維新期の開国、太平洋戦争での敗北に等しい出来事だったと言えましょう。

世界史

唐が朝鮮半島に進出し
百済を滅亡させる

日本史

白村江での敗北を受け
法律や戸籍などを整備し
国としての体制を
強固にする

日本史
世界史
7世紀

アレクサンドロス3世が東方に伝えた文化が日本に伝わる

7世紀の日本に影響を与えたもの

7世紀後半から8世紀初頭にかけて、日本で栄えた文化を「飛鳥・白鳳文化」と呼んでいます。飛鳥文化は推古天皇の御代を中心に、白鳳文化は天智・天武・持統・文武天皇の御代に花開きました。

この2つの文化に大陸文化の影響が見て取れることは、多くの専門家が指摘するところで、遠いギリシア世界の影響まであるのです。

古代日本とユーラシア大陸をつなげたのは、不世出の英雄**アレクサンドロス3世**（アレクサンダー大王）でした。

アレクサンドロス３世

アレクサンドロス３世が伝えたユーラシア大陸の文化

紀元前4世紀後半、バルカン半島を統べるアレクサンドロス３世が**東方への遠征**を行い、インダス川流域から西の世界を支配下に収めます。

アレクサンドロス３世は直後に亡くなり、帝国は崩壊してしまいますが、この遠征によってギリシア文化は、ギリシア人の東方移住にあわせて、**東方世界へと拡散していきます。**

この文化はシルクロードを通ってゆっくりと東漸し、中国大陸を経て日本にも到達しました。

これにより、7世紀前半から8世紀初頭に

左：法隆寺の柱（夏野篠虫 / PIXTA）　右：アテネの世界遺産パルテノン神殿の柱（c6210 / PIXTA）

かけて花開いた飛鳥・白鳳の文化に大陸文化の影響が現れるのです。

まず、**エンタシス**があります。

これはギリシア特有の柱の形式であり、柱の中央部にふくらみを持たせたものです。

ギリシアの首都アテネに建つパルテノン神殿のエンタシスは、その代表的なものです。

日本では法隆寺の金堂・歩廊・中門、唐招提寺の金堂の柱で、エンタシスを確認することができます。

仏像の微笑に見られる西方の文化

アルカイックスマイルも同様です。

左:「アルカイックスマイル」の代表といわれるクーロス像（©Ricardo André Frantz and licensed for reuse under Creative Commons Licence）
下:飛鳥寺の釈迦如来像

獅子狩文様

古代ギリシアの**アルカイク美術**の彫刻に見られる人物の表情であり、「古拙《こせつ》の微笑」と言われています。

結んだ唇の両端、つまり、口角がやや上に引き上げられ、微笑んでいるように見えるものです。

飛鳥時代の彫刻では、飛鳥寺の釈迦如来像、法隆寺金堂の釈迦三尊像、法隆寺夢殿の救世観音像などで、アルカイックスマイルを確認することができます。

ペルシア文化やインド文化も流入する

ギリシア文化だけではありません。

ササン朝ペルシアや、インド北部の文化も、古代日本に流入しました。

たとえば、**「獅子狩文様」**があります。これは騎馬の人物が振り向きざま、獅子を弓矢で射る図柄です。この射かたはパルティアン・ショットといい、ユーラシア大陸中央部にいた遊牧騎馬民族特有のものです。

法隆寺金堂壁画が、中国甘粛省の敦煌石窟壁画や、インドのアジャンター石窟群の壁画の様式を継承した傑作として有名です。

法隆寺金堂壁画のオリジナルは１９４９年の火災で焼失してしまいましたが、正確な模写と複写によって復元作業がなされ、現在では現存時と同じものを、法隆寺金堂内部で見ることができます。

世界史

アレクサンドロス3世の東征によりギリシア文化が東方に広がっていく

日本史

ギリシア文化を取り込み飛鳥・白鳳文化として花開かせる

弥生時代

	日本の出来事	世界の出来事
57年	光武帝から「漢委奴国王」の金印が送られる	
96年		ローマ帝国で五賢帝時代が始まる
82年頃		『漢書』が成立する
147年頃	倭国大乱が起こる	
184年		中国で黄巾の乱が起こる(三国時代)
226年		ササン朝ペルシアが建国される
208年		赤壁の戦いが起こる
210年頃	卑弥呼が邪馬台国の女王となる	
220年		中国で曹丕が「魏」を興す
239年	卑弥呼が魏に使いを送る	
265年		中国で「西普」が興る
266年	倭の女王(台与)が西普に使いを送る	
280年頃		『魏志倭人伝』が著される
280年以降		『三国志』が著される
317年		中国で「東普」が興る(五胡十六国時代)

日本史×世界史　つなげる年表②
（弥生時代～奈良時代）

古墳時代　飛鳥時代

年	日本	世界
375年頃		ゲルマン民族の大移動が起こる
391年	倭国が高句麗と戦う	
413年頃	倭王が東晋に使いを送る	
420年頃	大仙陵古墳が築かれる	
420年		中国で「宋」が興る（南北朝時代）
421年	倭王・讃が宋に使いを送る	
432年以降		『後漢書』が成立する
438年	倭王・珍が宋に使いを送る	
443年	倭王・済が宋に使いを送る	
478年	倭王・武が宋に使いを送る	
479年		中国で「斉」が興る
538年	仏教が伝来する	
552年	崇仏論争が起こる	
581年		中国で「随」が興る
588年	蘇我氏が飛鳥寺を建立する	
592年頃	厩戸皇子が国政に参画する	
594年	推古天皇が「仏教興隆の詔」を出す	
600年	第1回遣隋使が派遣される	

飛鳥時代

年	日本の出来事	世界の出来事
7世紀初頭	厩戸皇子が「日出る処の天子」から始まる国書を隋に送る	
604年	厩戸皇子が「憲法十七条」を制定する	
607年	第2回遣隋使(小野妹子ら)が派遣される	
607年頃	法隆寺が建立される	
610年頃		ムハンマドがイスラム教を創始する
618年	最後の遣隋使が派遣される	中国で「唐」が興る
630年	第1回遣唐使が派遣される	
645年	乙巳の変が起こり大化の改新が始まる	
652年	最初の班田収授法が施行される	
663年	白村江の戦いが勃発する	唐が百済を滅ぼす
667年	近江大津宮への遷都が行われる	
670年	「庚午年籍」が作成される	
672年	壬申の乱が起こる	
676年		新羅が朝鮮半島を統一する
689年	「浄御原令」が施行される	

日本史×世界史　つなげる年表②
（弥生時代〜奈良時代）

時代	年	日本	世界
飛鳥時代	694年	藤原京への遷都が行われる	
	697年		ヴェネツィア共和国が成立する
	701年	「大宝律令」が制定される	
	708年	銭貨「和同開珎」が発行される	
	710年	平城京への遷都が行われる	
奈良時代	711年		ウマイヤ朝による制圧によりイベリア半島がイスラム圏に入る
	712年頃	『古事記』が成立する	
	720年	『日本書紀』が完成する	
	741年	聖武天皇が「国分寺建立の詔」を出す	
	743年	「大仏造立の詔」が出される 「墾田永年私財法」が施行される	
	752年	東大寺大仏の開眼供養が行われる	
	755年		中国で「安史の乱」が起こる
	757年	「養老律令」が制定される	
	768年		カール大帝がフランク王に就任する
	784年	長岡京への遷都が行われる	
	792年	『続日本紀』が著される	

ヴェネツィアの修道士フラ・マウロが作成した地図（1450年）

3章

軍事国家化した日本と大航海時代のヨーロッパ

日本史
世界史
9世紀

唐との断絶が日本独自の文化を生んだ

平安京の始まり

6世紀に伝来した仏教により、一時政治は安定しました。しかし、奈良時代後半になると仏教勢力が政治に介入するようになり、政治の腐敗が進みます。

そこで、政治と仏教勢力を切り離すことを目的として784年、長岡京への遷都が行われましたが、これはうまくいきませんでした。長岡京造営の責任者・藤原種継の暗殺や、洪水被害などあり、長岡京造営は中止を余儀なくされてしまったのです。

代わって新たな都の候補地に選ばれたのが山背国《やましろのくに》、つまり、現在の京都府でした。

794年、遷都が行われ、新しい都は**「平安京」**と名付けられました。これより約390年

8～9世紀に描かれた遣唐使

間を平安時代と呼んでいます。

中国で続いた反乱と唐の衰退

白村江での敗戦（77ページ参照）以来、日本は唐王朝を手本として国造りを進め、遣唐使を定期的に派遣して、学問・文化・技術の吸収に努めていました。

しかし、唐朝の運命は755年に起こった**安史の乱**を機に、大きく変転します。

乱は9年にも及んだばかりか、唐朝単独では鎮めることができず、異民族ウイグルの力を借りて鎮圧したのです。

これにより、唐朝の権威は大きく失墜しました。国内でも政治・経済・社会の各方面で大混乱が起こり、下り坂を転げ落ちるように衰亡へと向かい始めるのです。

9世紀も後半に入ると、唐朝の衰退はいよいよ進行し、政治は完全に腐敗。民衆の生活も困窮を極めるようになります。

こうしたなか875年に黄巣《こうそう》の乱が勃発します。この大反乱によって唐朝は事実上、崩壊。907年には朱然忠によって滅ぼされ、中国大陸は **「五代十国」** という分裂の時代へと入りました。

遣唐使の廃止と国文学の発達

日本はこの動乱に巻き込まれるのを警戒し、関係を交易のみに限定し、孤立主義を採ることになります。

894年、菅原道真の建言により、**遣唐使の廃止**を決め、それが実行されました。唐帝国は衰亡する一途であり、莫大な費用を投じて使者を送っても意味がないという判断でした。

このことにより、中国文化の流入が止まり、蓄積された唐文化の消化・吸収が進んで、日本固有の文化と融合し、**「国風文化」** が生まれることになります。

国風文化のもと、現代につながる数多くのモノや文化が生まれました。

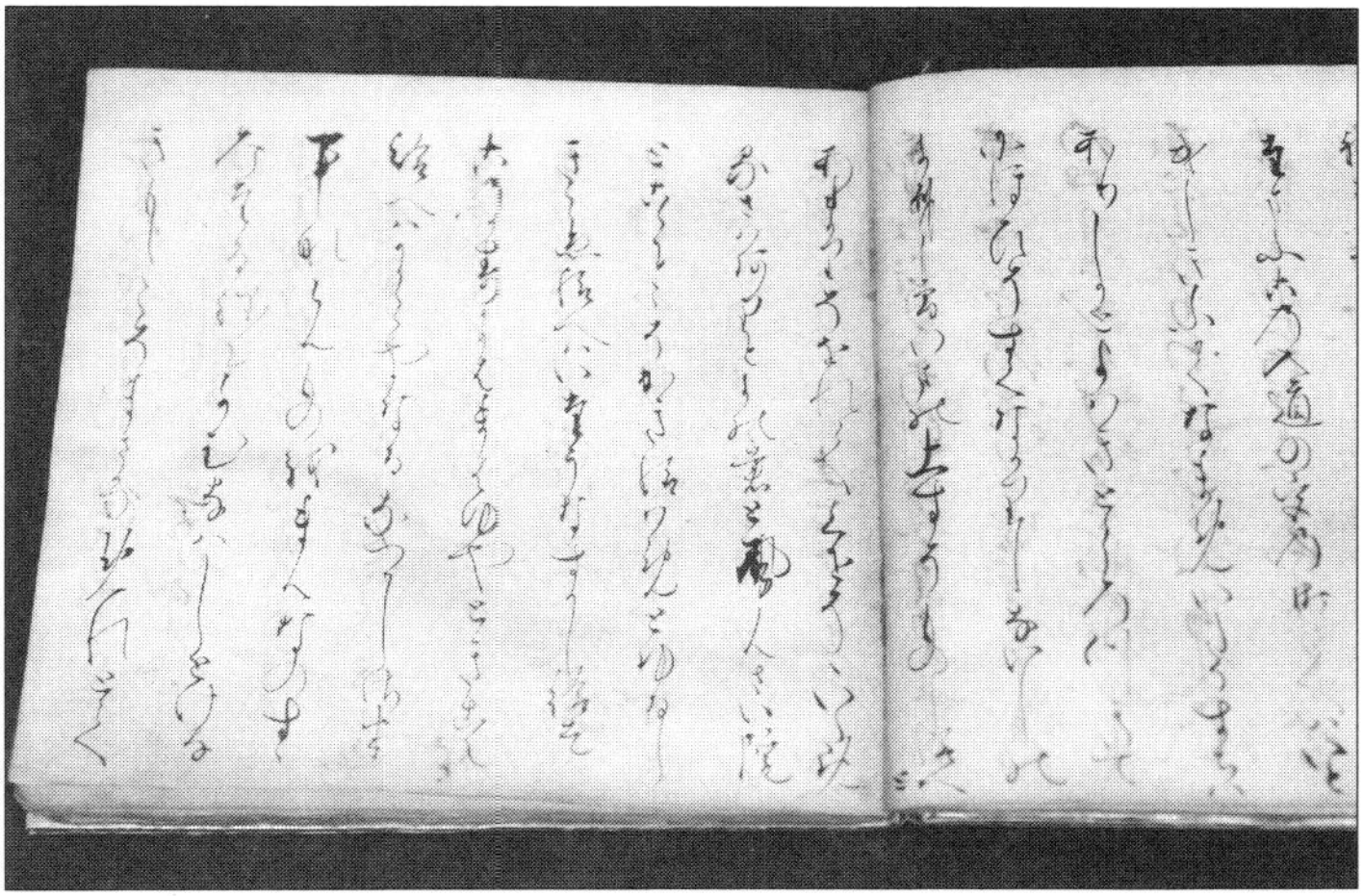

最古級の源氏物語写本（視野新提供：時事）

たとえば、日本語を書き表すための文体や文字の工夫があげられます。

平仮名は、主に宮廷の女性が、書状や和歌のやり取りをするのに用いられました。

また、**カタカナ**も、僧侶が漢字で書かれた経典を訓読するために考え出されました。

公的な政治の世界では、漢字・漢文が公用されていましたが、私的な日記などには、正式な漢文とは形式が異なる、日本的な漢文で書かれるようになります。

こうした工夫が進むなか、漢字主体では表現ができなかった日本人の活き活きとした感性が表現できるようになり、国文学が発達します。

この国文学中の白眉が、宮廷に出仕する女性たちによって著わされた**女流文学**です。清少納言の

最古級の蔵王権現像（写真提供：共同通信社）

『枕草子』、紫式部の『源氏物語』、和泉式部の『和泉式部日記』、菅原孝《すがわらのたか》標女《すえのむすめ》の『更級日記』など、数多くの作品が生み出されました。

神仏習合により生み出された「権現」

宗教面では神仏習合が進みました。

これは日本固有の神と、仏教の仏を融合させたものです。

この頃の仏教は世俗化がかなり進んでおり、仏法による国家鎮護と高邁な哲理の追求より、寺院の拡大に関心が集まっていました。このため唱えられたのが「本《ほん》地《じ》垂《すい》迹《じゃく》説」です。これは「日本の神は仏が姿を変えて現れた」とする説です。

もっともよく知られているのが、「天照大御神は大日如来の化身」とするものです。天照大御神は、日本神話に登場する太陽女神であり、大日如来は密教（インドで生まれた呪術性の濃い仏教）の仏です。

この神仏習合の過程で生まれたのが、**「権現」**という語です。権は「仮」の意。仏が神という「権」の姿でこの世に「現」れたから権現なのです。

時代が下ると、熊野権現、愛宕権現、秋葉権現、白山権現などさまざまな権現が生まれ、多くの信仰者を集めました。寺院の参拝も、この権現隆盛のなかで一般化したのです。

神仏習合は、明治政府の宗教政策で解消されてしまいますが、権現の呼称は現在も残っています。

ほかにもさまざまな分野で日本化が進みました。現在の文化のルーツをたどると、等しく唐帝国との断絶にたどりつくのです。

唐の衰退・崩壊により中国が「五代十国」の分裂の時代に入る

世界史

日本史

遣唐使の廃止により国風文化が栄え女流文学などが生み出される

日本史
世界史
13世紀

鎌倉時代の到来とモンゴル帝国の始まり

鎌倉時代の始まり

12世紀中ごろ、日本では平清盛をトップとする平家が政治を独占するようになります。しかし朝廷はこれを快く思わず、朝廷は平家打倒を画策し、1180年、朝廷の令旨《りょうじ》に応じて源氏が挙兵しました。その結果、源義仲は平家を都から追い、源頼朝は東日本の行政権を獲得します。

再起を図る平家を追い込んだのは源頼朝の異母弟・源義経でした。合戦の天才だった義経は壇ノ浦の戦いで平家を滅亡に追い込みます。このあと源頼朝が名実ともに全国を支配し、征夷大将軍に就任するのです。

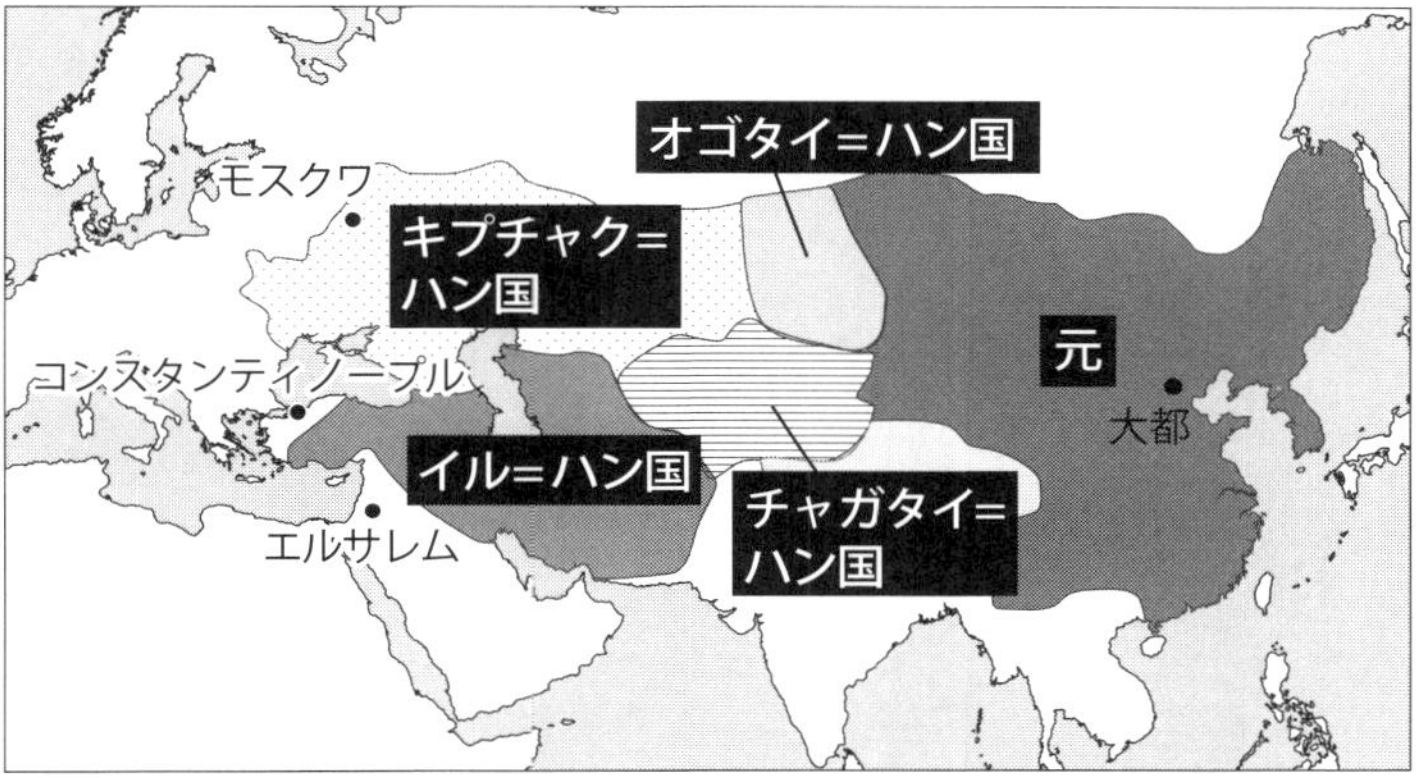

モンゴル人の最盛期の版図

チンギス・ハンの登場

日本が平安時代から鎌倉時代の過渡期にあるとき、ユーラシア大陸のモンゴル高原北東部に、強力なリーダーが出現しました。モンゴル部のテムジン（鉄木真）です。

強大な軍事力を率いたテムジンは、タタール部、ケレイト部、ナイマン部などの諸部族を支配下に収め、モンゴル高原を統一しました。

そして1206年、クリルタイ（族長会議）で**「チンギス・ハン（成吉思汗）」**の称号を与えられます。

これにより**モンゴル帝国**が誕生したのです。

チンギス・ハンに率いられたモンゴル帝国は、モンゴル高原を起点として四方に軍事遠征を行ないます。

これにより黄河上流部、中央アジア、西トルキスタン、

バトゥがポーランド軍と戦ったワールシュタットの戦い

イラン高原、中国大陸北東部が、モンゴル帝国の支配下に入ることになります。

ユーラシア大陸を支配した モンゴル帝国

チンギス・ハンは１２２７年に死亡しますが、その後も一族により遠征は続けられ、１２３６年には、チンギス・ハンの孫バトゥにより、**ヨーロッパ遠征**が行われます。

この大征西の結果、東ヨーロッパとロシアがモンゴル帝国の支配下に入りました。

こうして東は中国大陸北東部、西は東ヨーロッパ、南はイラン高原、北はロシアまでがモンゴル帝国の支配下に入ります。

帝国はこのあとオゴタイ＝ハン国（西北モンゴル）、キプチャク＝ハン国（ロシア）、イル＝ハン国（イラン）、チャガタイ＝ハン国（中央アジア）、元の5つに分裂しますが、モンゴル人がユーラシア大陸の支配者であることに変わりはありませんでした。

モンゴル帝国がユーラシア大陸を支配したのは、大陸全体にまたがる貿易圏を獲得するためでした。

この貿易圏の誕生により、東西の情報・物資・人の流れが、それ以前と比べものにならないほどスムーズになりました。

つまり、これまで地域に限定されていたものが、ダイレクトに影響しあうようになったのです。有史以降初めて**「世界史」が誕生した瞬間**でした。

世界史

モンゴル帝国のユーラシア大陸支配によって「世界史」が誕生する

日本史

源頼朝と義経の登場により鎌倉時代が始まる

日本史
世界史
13世紀

蒙古襲来がのちの倭寇を生んだ

分裂したモンゴル帝国と2度の蒙古襲来

ユーラシア大陸ほぼ全域を支配したチンギス・ハンが死亡し、そのあとを継承したオゴタイ・ハンも没すると、モンゴル帝国は分裂します。

そのなかで、チンギス・ハンの孫の**フビライ**は、中国大陸に侵攻して王朝を樹立し、国号を中国風に**「元」**と改めました。

中国大陸の北方に元を建国したフビライは、南方にある南宋王朝の征服を画策します。

この南宋は日本と海上交易を通じて親密に交流していました。そのため、鎌倉幕府執権・北条時宗は、フビライが親書をよこして友好を求めてきたときも突っぱねました。

文永の役（『蒙古襲来絵詞』より）

フビライの親書に「兵を用いるに至りては、たれか好むところなからん」と、武力に訴える脅し文句があったのに加え、南宋からの情報で、「モンゴル帝国＝侵略者」とイメージしていたからです。

たび重なる要求を拒んだ結果、日本は２度にわたる**「蒙古襲来（元寇）」**を受けることになります。

この侵略は、１２７４年の文永の役、１２８１年の弘安の役の２回起こりました。

１回目は、軍内部で指揮系統を巡っての対立が発生したため元軍が自主的に撤退し、２回目は暴風雨によって壊滅。結局、日本側が元軍を退けた格好になりました。

２回目の弘安の役の際には、元軍に多数の江南人が含まれていました。元によって滅ぼされた南宋の人々です。

生き残った人々のうち、元軍の将兵はひとり残らず首を切られますが、江南人たちは生かされました。

『倭寇図巻』に描かれた倭寇

倭寇にさらされた高麗王朝

14世紀に入ると、朝鮮半島や中国大陸の沿岸を海賊たちが、荒らしまわるようになります。これが**「倭寇」**です。

彼らは海の武士団ともいうべき、武装交易商人たちです。北部九州の人々が主体となっていました。

倭寇が略奪行為を働いたのは、2つの理由がありました。

ひとつは**物資の必要性**です。

日本はこの時期、南北朝の動乱期にあり、大量の軍需物資を必要としていました。国内ではそれらの供給が間に合わなかったため、大陸に押し寄せたのです。

もうひとつは、**蒙古の力を削ぐ**ためです。

とくに北部九州の海の民たちは、2度の経験で、「侵攻を受けたら、真っ先に犠牲になるのは自分たち」と分かっていました。3度目の侵攻を阻止する意味もあり、交易ではなく、略奪という非常手段に出たのです。

蒙古襲来に加わった朝鮮半島の高麗王朝などは、41年のあいだに394回もの襲撃を受けて、ついには滅びてしまいました。

このとき役立てられたのが、元寇の際に生かされた江南人から仕入れた、沿岸都市に続く海の道、造船術など諸々の情報でした。

倭寇は日本で南北朝合一がなされ、大量の軍需物資が必要なくなるまで続けられました。

蒙古襲来があったから、そのあとの倭寇があったのです。

世界史

フビライ・ハンが中国に元王朝を樹立し周辺国を征服し始める

日本史

蒙古による支配を防ぐために倭寇を利用して物資を得る

日本史
世界史
14世紀

明の冊封体制下に入った足利義満

明の初代皇帝・洪武帝

中国大陸で明が建国される

元のフビライ・ハンは、2度の日本攻略（元寇）に失敗した後、3度目の日本遠征を計画していました。しかし、計画を実現できないまま死去しました。

フビライ・ハン亡きあと、元王朝の勢威は衰えていき、各地で民衆反乱が勃発します。このうち白蓮教徒による「紅巾《こうきん》の乱」がもっとも大規模なものでした。これにより元は、モンゴル高原への後退を余儀なくされます。

中国大陸の新しい支配者となったのは、**洪武帝（朱元璋）**が建国した**明**でした。

権力基盤が脆弱だった室町幕府

中国で明が建国された時期、日本は南北朝の動乱期でした。

本州と四国は、足利義満と室町幕府をトップとする北朝が押さえていましたが、九州は**懐良**《かねよし》**親王**と征西府をトップとする南朝が押さえていました。

この頃倭寇はまだ盛んで、洪武帝は甚大な被害に頭を痛めていました。そこで懐良親王に倭寇の禁圧を命じます。

懐良親王

親王はこれを「不遜なり」として黙殺しますが、後に了承。洪武帝から「日本国王」に任じられます。

これを知って**足利義満**は大いに焦ります。九州南朝が明の勢威を背景に、勢力を伸長させる恐れがあったからです。ここにおいて足利義満は、九州南朝征討に本腰を入れ、北朝きっての名将今川了俊を、九州探題に任命します。この了俊の働きにより、九州南朝は形ばかりのものになりました。

ところで、室町幕府は大勢の有力守護のうえに、将軍が担がれるという体制になっており、政治的基盤は脆弱でした。有力守護が力を持てば、勢力が覆る危険性があったのです。

足利義満

幕府を安定させるには、磐石な権威が必要でした。義満はここで、明の冊封体制下に入ることを決意します。明皇帝に王権を保証してもらうことで、政権の安定をはかろうとしたのです。他の追随を許さない巨万の富を得ることも、義満の視野には入っていました。

天皇・上皇をしのぐ権勢をふるう

明は朝貢し、臣従を誓うものとしか貿易を行わない方針を打ち出していました。つまり、**対等の関係ではない**わけです。外交という点では屈辱的ですが、大きな見返りもありました。朝貢する相手には、中華帝国のプライドをかけて、貢物をはるかに上回る物品や金銭を下賜し、貿易を許可したのです。義満は名誉を捨てて、実利をとる道を選びました。

明側は当初、足利義満の申し出を断りました。征夷大将軍は朝廷の官職であり、形の上で天皇の臣下になるためです。しかし1392年、南北朝が合一します。この2年後に将軍職を退いた義満は、出家して法体となり、改めて明の冊封体制下に入るために動き始めます。

明も今度は義満の求めに応じました。懐良親王はすでに亡く、日本国王は不在だったからです。倭寇禁圧を約束した点も、好感を持たれたようです。

こうして日本と明のあいだで貿易が開始されます。明が貿易統制のために出した「勘合符」を使った貿易のため、**勘合貿易**と呼ばれています。義満はこの貿易で莫大な富を得、天皇・上皇をしのぐ権力を誇り、日本国王として振る舞いました。

中国大陸で洪武帝が明を建国する

世界史

日本史

明の力を利用した足利義満が天皇をしのぐほどの権勢をふるう

日本史
世界史

16世紀

ペストの流行と香辛料が中世の日本を軍事大国化させた

日本への鉄砲伝来

1543年、中国の密貿易船が、九州の南に浮かぶ種子島に漂着します。この船に乗り込んでいた2人のポルトガル人は、初めて日本の土を踏んだヨーロッパ人となりました。ポルトガル人は、鉄砲を携えていました。銃口から火薬と弾丸を込め、火縄で着火させる火縄銃です。

領主の種子島時尭《ときたか》は、2000両（現在の数億円に相当）で、鉄砲2挺を買い取ります。このうち1挺を刀鍛冶の八板《やいた》金兵衛に渡して、作り方を研究させました。この2年後、国産第1号の鉄砲が完成します。

種子島にある八板金兵衛の像(©みっち and licensed for reuse under Creative Commons Licence)

戦国時代の日本は世界一の軍事大国だった

鉄砲が伝来し、国産化された当時、日本は群雄割拠の**戦国時代**でした。こうした時代背景もあり、鉄砲は急速に量産化されていきます。

量産化を支えたのは、各地に点在する刀鍛冶でした。刀と鉄砲ではまったく種類が異なりますが、鉄製品である点は共通しています。

部品のかたちやしくみさえ分かってしまえば、コピーはたやすいことでした。

ところで、戦国時代が本格化する前、日本は**世界一の武器輸出国**でした。

膨大な数の日本刀を中国の明帝国に売っていたのです。「倭刀甚《はなは》だ利あり。中国人多くこれをひさぐ」とは、

堺の鉄砲鍛冶が鉄砲を量産する様子（『和泉名所図会』より）

中国側の物産書『東西洋考』中の日本刀評です。

日本刀の質の高さを支えたのは、刀鍛冶職人の技術力です。

彼らが本格的に鉄砲製造に乗り出したことで、戦国時代の日本はたちまち、本家のヨーロッパ以上の鉄砲保有国になりました。つまり、**世界一の軍事大国**になったのです。

日本が戦国時代にある時期、ヨーロッパ諸国は武力を背景に、東南アジア各地を植民地化していました。

しかし、日本の圧倒的軍事力を前にしては、さすがのヨーロッパ勢力も、手を出すことはできませんでした。

スペインなどは、太平洋方面の総督に対し、「わが軍隊と国家の名誉を損なうような危険を冒すな」と厳命を下すほどでした。

上:「長篠合戦図」に描かれた徳川軍の鉄砲隊
右:鉄砲や大砲の使い方や戦い方が描かれた指南書『武道藝術秘傳圖會』に描かれた大砲の説明書き

「フィレンツェのペスト」(ルイージ・サバテリ画)

高価な生活必需品となった香辛料

さて、ヨーロッパ人がアジア地域に進出した理由、これをさかのぼると、**ペスト**という伝染病にたどりつきます。

14世紀半ば頃、ヨーロッパではペストがたびたび流行しました。全身に黒い斑点を浮かび上がらせて悶死するため、「黒死病」と呼ばれて怖れられました。このペストにより、ヨーロッパは**人口の3分の1を失ってしまう**のです。

疫病から逃れるため、人々は薬を求めました。このうち「もっとも効く」と信じられていたのが、東南アジア産の香辛料でした。

この香辛料は、塩漬け保存した肉の臭みを消す効果もあり、ヨーロッパでは生活必需品となっていました。

しかし、これらはじつに高価でした。ヨーロッパとアジアのあいだを支配するイスラム勢力が、アジアで香辛料を買いつけると、莫大な仲介料を課して、ヨーロッパに売りつけていたためです。

「イスラム勢力を介さずに香辛料を手に入れたい」との思いは、ヨーロッパ人のだれもが抱いていました。この思いがヨーロッパに**大航海時代**をもたらすのです。

戦国日本が軍事大国化したのは、ヨーロッパのペスト、イスラム勢力、東南アジアの香辛料という要素があったためです。ひとつでも欠けていたとしたら、歴史はもっと違ったものになっていたでしょう。

世界史

ヨーロッパ諸国が東南アジア各地を植民地化する

日本史

世界一の軍事大国となり武器を生産して海外に輸出する

日本史 世界史

16世紀

金銀がつなげた日本と大航海時代のヨーロッパ

マルコ・ポーロが紹介した「黄金の国」

マルコ・ポーロは13世紀後半から、14世紀初頭にかけて生きた人です。イタリアから中国大陸の元帝国に渡り、皇帝フビライ・ハーンに17年のあいだ仕えましました

マルコは帰国後、自身の見聞を口述筆記のかたちで『東方見聞録』という書物にまとめます。この書物は、「ジパングは、東の方、大陸から1500マイルの大洋中にある、とても大きな島である」という書き出しで日本にもふれています。

マルコ・ポーロは日本を莫大な量の黄金を産出する**「黄金の国」**として紹介しました。『東方見聞録』が刊行されると、黄金国ジパングの伝説は、ヨーロッパ中に広まりました。こ

れによりアジア世界の富が注目されるようになり、ヨーロッパは海洋進出の時代へと入っていきます。大航海時代の到来です。

ヨーロッパ人が日本＝ジパングと認識したのは、16世紀に入ってからです。

メルカトルが刊行した『世界図』のなかに、「昔のクリーセ（金島）で、ベネチア人マルコ・ポーロによって、ジパングと名付けられた日本」と注釈がついています。

『東方見聞録』の1ページ

『東方見聞録』での黄金の国ジパングは、東方世界にある不思議な国にしかすぎません。しかし、16世紀には明確に「マルコ・ポーロの記した国」と認識されました。

これは日本が本当に「黄金の国」となったためです。

16世紀の日本は、群雄割拠の戦国時代にありました。

戦国大名たちは軍資金調達のため、

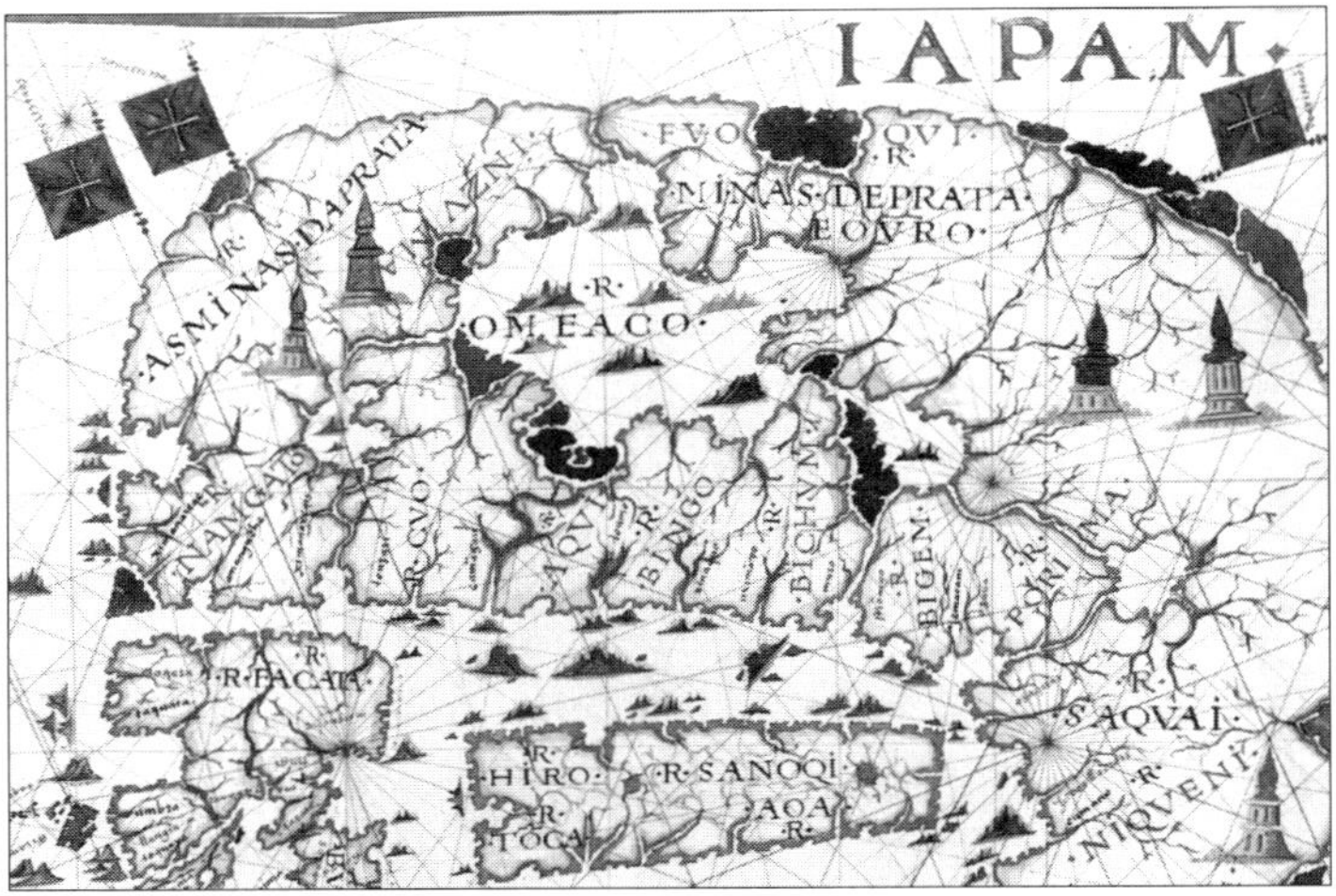

16世紀にポルトガルで作られた地図。右上に「MINAS DE PRATA」の字が見られる。

鉱山経営に力を入れました。

新しい金銀精錬法「灰吹法」が朝鮮半島経由で伝わると、金銀の産出量は激増しました。これが頂点に達したのが、豊臣秀吉の時代です。

その様子は織田信長と豊臣秀吉に仕えた太田牛一が、『大かうさまくんきのうち（太閤様軍記の内）』で「太閤秀吉公御出世より此かた、日本国々に、金銀山野にわきいで……」と記したほどでした。

世界経済を動かした日本の銀

日本の銀は朝鮮半島や中国大陸に運ばれ、南シナ海→インド→ヨーロッパ世界へと運ばれていきました。

こうしたなか、スペイン人は日本列島を**「プラタ**

レアス群島（銀の島）」と呼ぶようになります。

ポルトガルのリスボンで作成された世界地図には、石見銀山（島根県大田市）が書き込まれ、「ミナス　ダ　プラタ（銀鉱山）」と記されるほどでした。

南シナ海には船に積まれた日本銀を狙う海賊が横行し、アジアやヨーロッパの経済は、日本銀の動向に大きく左右されました。16世紀の日本は誇張でなく、世界を動かしていたのです。

スペインの探検家セバスチャン・ビスカイノなどは、日本に上陸したのを機に、奥州の独眼竜こと伊達政宗と親交を結び、「帝国のもっとも強大なる領主の1人たり。その家甚だ古く、皇帝に次ぐ人物なり」と『ビスカイノ金銀島探検報告』で紹介したほどです。

この金銀島探索は19世紀初頭、ロシア海軍によるものを最後に、幕を閉じました。

マルコポーロの紹介により東方の「黄金の国」の存在を知る

世界史

日本史

戦国大名たちが軍資金のため金銀を大量に産出する

日本史
世界史
16世紀

宣教師はヨーロッパのスパイだった？

群雄割拠の戦国日本にキリスト教が伝来

1549（天文18）年、戦国時代の日本にイエズス会宣教師フランシスコ・ザビエルが来日し、キリスト教が伝えられます。

サビエルが日本を去ったあとも、多くの宣教師が来日し、日本にローマカトリック（旧教）の教えを説きました。

「キリシタン」との名称で日本に根づくや、キリスト教は急速に勢力を拡大。大友宗麟や有馬晴信のように戦国大名でありながら洗礼を受ける者も少なからずおり（キリシタン大名）、キリスト教信者は1582（天正10）年の段階で、九州で12万5000人、畿内で2万5000人

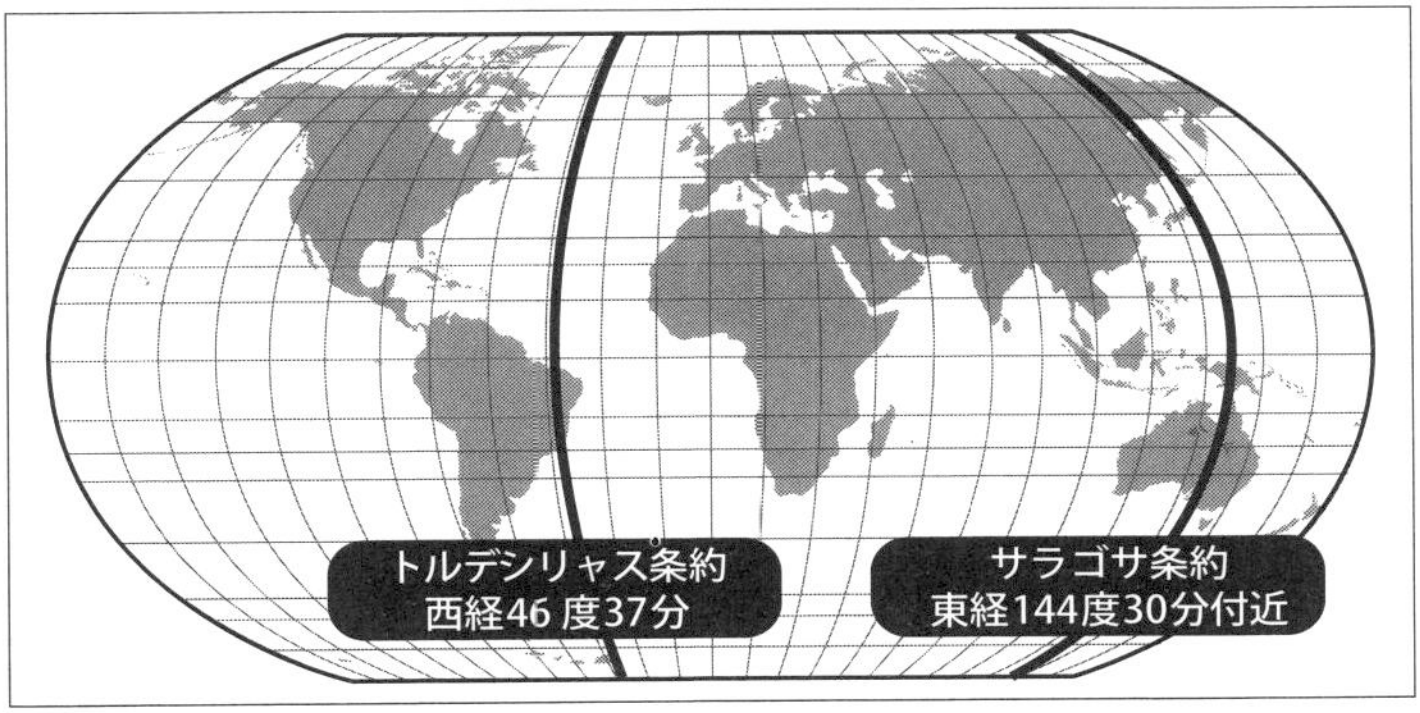

トルデシリャス条約とサラゴサ条約で定められた子午線

に達しました。

国をむしばむ内なる敵・キリスト教現地信者

伝来から33年でかくも短期間に信者が増えたのは、宣教師たちが行う数々の慈善事業を介して、教えが説く「理想郷」の実現にリアリティを感じたためです。

しかし、宣教師たちには裏の顔がありました。彼らは**ヨーロッパの放ったスパイ**だったのです。

ローマカトリックを奉じるポルトガルとスペインは、１４９４年のトルデシリャス条約と１５２９年のサラゴサ条約により、**世界を勝手に分割支配**することを決めていました。

彼らはまず、目星をつけた場所にキリスト教宣教師を送りこみます。

町を歩く宣教師たち

宣教師は領主に取り入って布教許可をもらい、教えを広めるかたわら慈善事業を行い、現地信者を増やしていきます。

キリスト教では世俗権力のうえに神の教えを置くため、現地信者はキリスト教を重んじ、現地の権力に反目するようになるのです。

この空気が醸成された頃を見計らい、ヨーロッパ人商人が強引な商取引で現地経済をマヒさせ、抗争が起こると**武力で制圧**するのです。

もっとも、自分たちが武力を行使するのは最後の手段です。たいていは現地信者が先兵となって戦いました。宣教師に吹き込まれた「理想郷」の実現を信じて……。

インドも東南アジアもこの方法で、スペインやポルトガルの植民地となりました。

日本風の教会でのミサの様子（「南蛮人渡来図屏風」より）

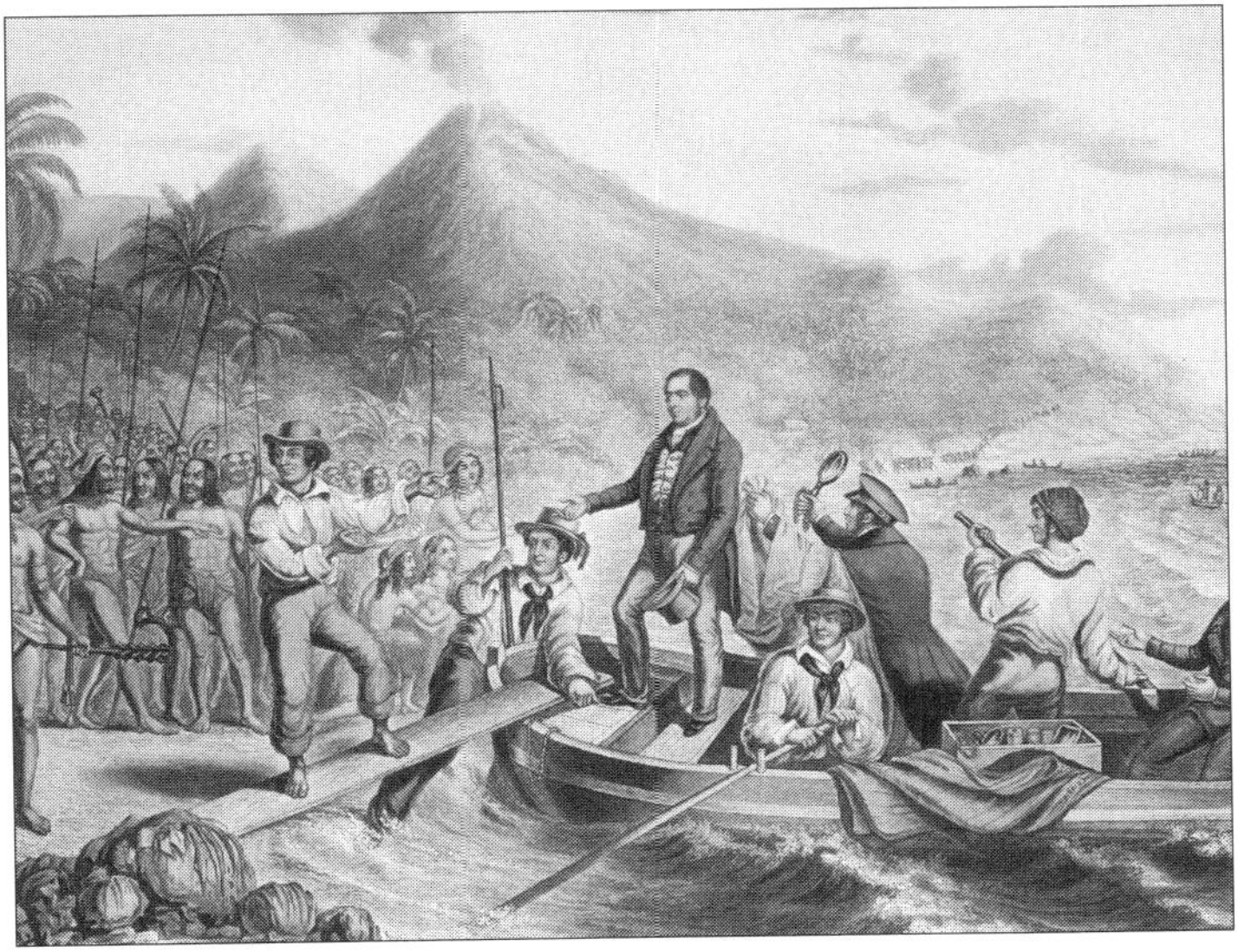

南太平洋の島に足を運ぶ宣教師（ジョージ・バクスター画）

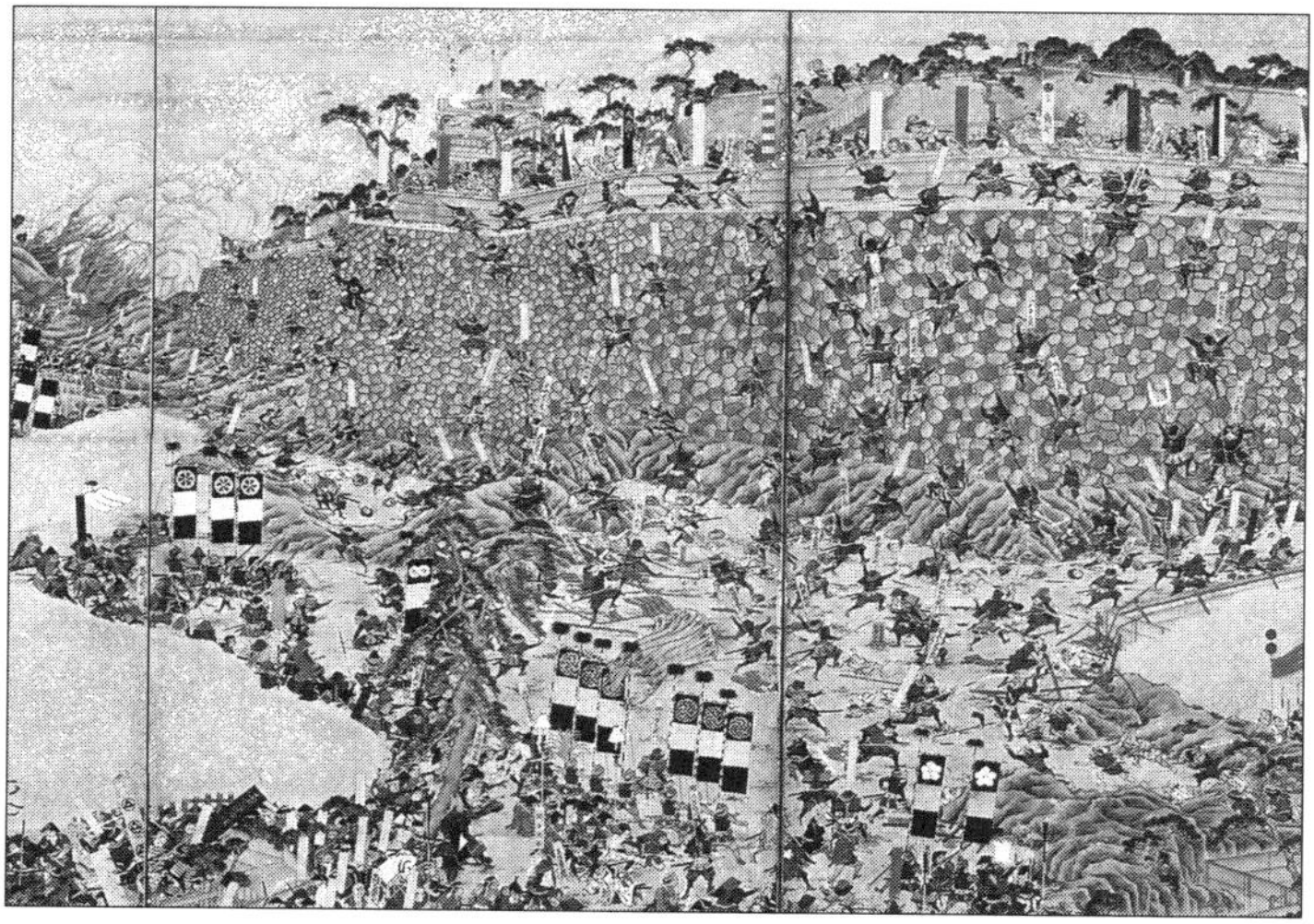

「島原の乱合戦図」に描かれた戦いの様子

日本ではキリシタン大名の大村純忠が、宣教師の指示にしたがって領内の神社仏閣を破壊し、領民を強制的に改宗させていますから、内部工作はかなり浸透していたと考えて良いでしょう。

日本でも起こっていた現地信者の武装蜂起

しかし、最終的に彼らの目論見は失敗しました。豊臣関白政権下の１５９６（慶長元）年に起こった**サン＝フェリペ号事件**により、スペインの抱く領土的野心が露わになったからです。

海外貿易を優先するあまりキリシタン入信は個人の自由としていた豊臣秀吉も、事が露見すると、宣教師６名と日本人信者20名を長崎で処刑して、禁圧へと舵を切ります（二十六聖人の殉教）。

徳川幕府も当初は海外貿易優先のあまりキリシタンを黙認していましたが、次第に禁制を強化し、1624（寛永元）年にはスペインとの国交を断絶。1636（寛永13）年にポルトガル人を長崎出島に移します。

この翌年、北九州の現地信者が禁教と重税に反抗し、**島原の乱**が勃発します。インドや東南アジア同様のことが日本でも起こったのです。

乱を鎮めた幕府は、ポルトガル人を出島から追い出すかたわら、宗門改めを断行します。この宗教統制策により日本人はみな仏教寺院の檀家となりました。

こうして日本は、宗教を隠れ蓑としたスペイン、ポルトガルの魔手から逃れたのです。

世界史

キリスト教の宣教師が世界に散らばり最終的に現地を武力制圧する

日本史

キリスト教を禁じスペインやポルトガルとの国交を断絶する

平安時代

年	日本の出来事	世界の出来事
794年	平安京への遷都が行われる	
804年	空海と最澄が遣唐使に随行して唐に渡る	
838年	最後の遣唐使が派遣される	
873年	清和天皇が「源」姓を経基王に与える	
875年		中国で「黄巣の乱」が起こる
889年	「平」姓が高望王に与えられる	
894年	遣唐使を廃止する	
939年	平将門が「新皇」を称する	
960年		中国で「宋」が興る
962年		神聖ローマ帝国が成立する
1001年頃	清少納言が『枕草子』を著す	
1008年頃	紫式部が『源氏物語』、和泉式部が『和泉式部日記』を著す	
1016年	藤原道長が摂政に就任する	
1051年	前九年の役が始まる	
1059年頃	菅原孝標女が『更級日記』を著す	

日本史×世界史　つなげる年表③
（平安時代〜戦国時代）

時代	年	日本のできごと	世界のできごと
平安時代	1095年		第1回十字軍が編成される
	1124年	中尊寺金色堂が建立される	
	1127年		中国で「南宋」が興る
	1156年	保元の乱が起こる	
	1159年	平治の乱が起こる	
	1167年	平清盛が太政大臣に就任する	
	1185年	壇ノ浦の戦いが起こり平氏が滅亡する	
鎌倉時代	1192年	源頼朝が征夷大将軍に就任する	
	1205年	北条義時が執権に就任する	
	1206年		チンギス・ハンがモンゴル帝国を建国する
	1221年	承久の乱が起こる	
	1224年		オゴタイ・ハン国が興る
	1227年		チンギス・ハンが死亡する
			チャガタイ・ハン国が興る
	1241年		ワールシュタットの戦いが起こる
	1243年		キプチャク・ハン国が興る
	1260年		フビライ・ハンが即位する
	1264年		モンゴルが樺太に侵攻する

時代	年	日本の出来事	世界の出来事
鎌倉時代	1268年	北条時宗が執権に就任する	フビライ・ハンが日本に親書を送る
	1271年		中国に「元」が興る
	1274年	文永の役（第1回元寇）が起こる	
	1281年	弘安の役（第2回元寇）が起こる	
	1296年頃		マルコ・ポーロが『東方見聞録』を著す
	1299年		オスマン帝国が建国される
	14世紀頃	倭寇が近海を荒らし回る	ペストが大流行する
	1321年		
室町時代	1338年	足利尊氏が征夷大将軍となり室町幕府が成立する	
	1339年		英仏百年戦争が始まる
	1351年		中国で「紅巾の乱」が起こる
	1368年		中国に「明」が興る
	1369年	足利義満が将軍になる	
	1392年	南北朝が合一される	
	1401年	足利義満が「遣明使」を派遣する	

日本史×世界史　つなげる年表③
（平安時代～戦国時代）

戦国時代

年	日本	世界
1453年		オスマン帝国がコンスタンティノープルを占領する
1467年	応仁の乱が起こる	
1492年		コロンブスがアメリカ大陸に到達する
1494年		トルデシリャス条約が結ばれる
1498年		ヴァスコ・ダ・ガマがインド航路を発見する
1517年		ルターが宗教改革を開始する
1521年		コルテスがアステカ帝国を征服する
1529年		サラゴサ条約が結ばれる
1543年	種子島に鉄砲が伝来する	
1549年	フランシスコ・ザビエルが来日する	
1560年	桶狭間の戦いが起こる	
1568年		オランダ独立戦争が勃発する
1582年	本能寺の変が起こる	
1584年頃		イギリスが北アメリカに植民を開始する
1588年		イギリス軍がスペインの無敵艦隊を破る
1592年	豊臣秀吉が朝鮮に出兵する	
1596年		サン=フェリペ号事件が起こる

明代の中国で作られた「坤輿万国全図」(1602年)

4章

江戸の泰平と世界の戦乱

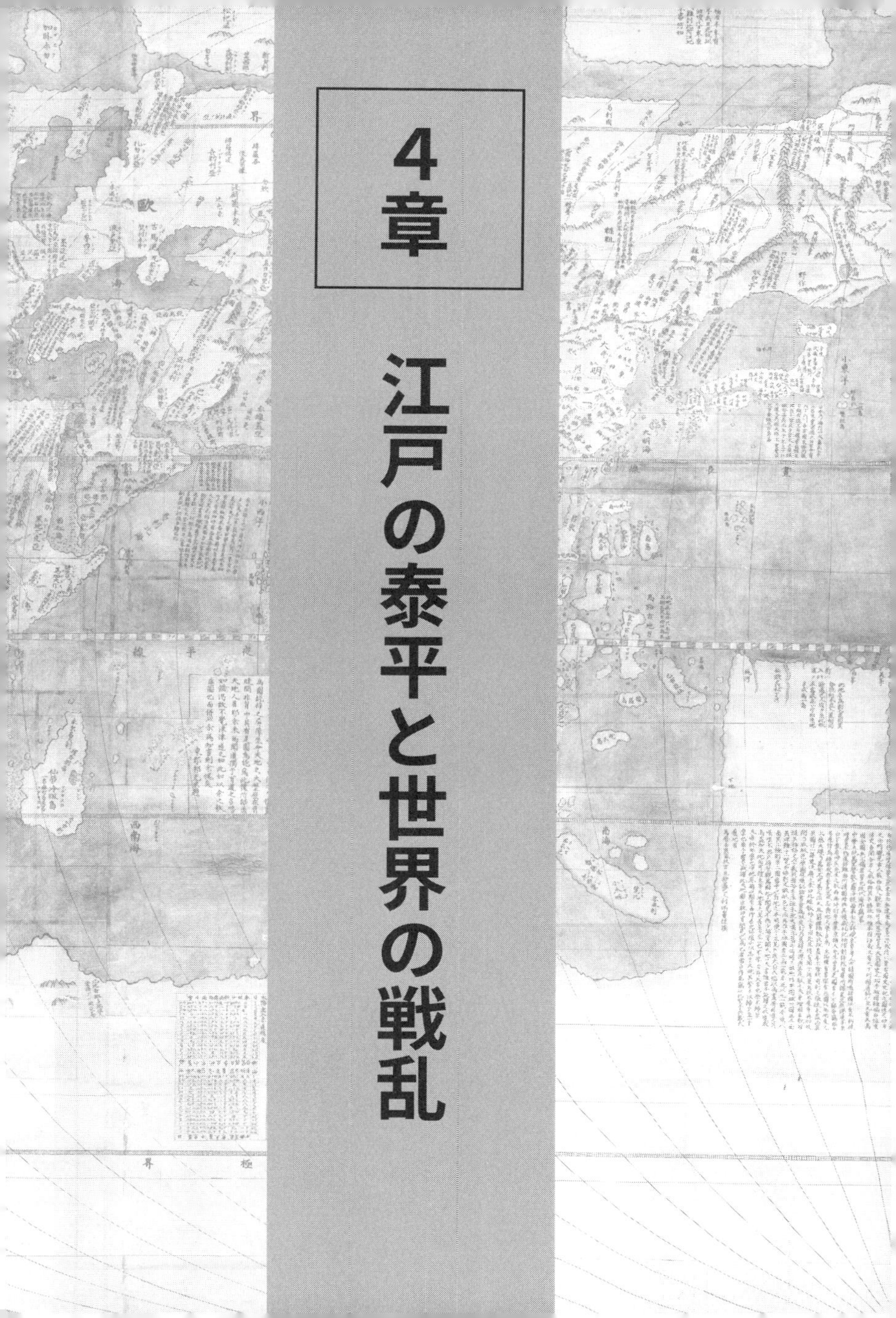

日本史
世界史
17世紀

江戸時代の泰平はヨーロッパの革命のおかげだった

江戸の約200年の泰平期

江戸時代を形容するのに、しばしば「泰平」という言葉が用いられます。泰平とは「世のなかが平和に治まり、穏やかなこと」の意になります。

幕末維新期こそ、日本は欧米勢力によって開国を迫られますが、約260年のあいだ続いた江戸時代のうち約200年は、人々は外圧もなく穏やかな時代を過ごしていました。

欧米諸国がアジアに無関心だったわけではありません。東南アジアは植民地として侵食されていました。

しかし、彼らには日本にまで手を延ばせない事情がありました。

ピューリタン革命で敗れ処刑される国王チャールズ１世

革命と戦争の連続だったヨーロッパ

日本が泰平を謳歌していた17～19世紀初頭にかけて、**ヨーロッパは革命と戦争の時代でした。**

まずはイギリスです。

１６４２年にピューリタン革命、そして１６８８年に名誉革命が起こります。この２つの革命は、「イギリス市民革命」とも呼ばれています。

この２つの革命のあいだには、イギリスと当時新興国として力をつけてきていたオランダにより、第１次イギリス＝オランダ戦争が起こっています。

そしてそのあとに起こった名誉革命により、イギリスに新たな政治体制が確立しました。

その翌年にはスペイン・イタリア、イギリス、オランダ、

イギリス・オランダ戦争の海戦（アブラハム・ストーク画）

フランスによるファルツ戦争が勃発します。

この戦争が9年で終結すると、1701年にはスペイン継承戦争が勃発し、スペイン・イタリア、オランダ、フランス、神聖ローマ帝国・オーストリア、プロイセンを巻き込んでの大戦争に発展しました。

さらにオーストリア継承戦争、七年戦争とヨーロッパ全土を巻き込む戦争が続き、1789年にフランス革命が勃発します。

ブルボン王朝を倒した市民革命に、ヨーロッパ全土が警戒心を募らせました。この結果、ヨーロッパ中の国々がフランスを包囲する「対仏大同盟」が結成されます。

こうした局面でフランスには、**ナポレオン・ボナパルト**が登場します。

この戦争の天才児が出現したことにより、ヨーロッ

「バスティーユ襲撃」(ジャン=ピエール・ウエル画)

アメリカが独立をかけてイギリスと戦った戦闘のひとつ「カウペンスの戦い」(ウィリアム・ラニー画)

銅山を経営していた住友家がつくった鉱山技術書（『鼓銅図録』より）

パの戦火はますます激しくなるのです。

革命と戦争は、ヨーロッパでのみ行われていたわけではありません。

北アメリカ大陸では、アメリカ合衆国がイギリスからの独立をかけて、戦っていました。

この戦争にはフランス、スペイン、オランダもアメリカ側で参戦しました。

このように17世紀から19世紀初頭にかけて、ヨーロッパ社会は戦争と革命に明け暮れていました。とても極東の島国・日本に構っている余裕はなかったのです。

日本産の銅と戦争

ところで、日本産の銀については、すでに別の項で触れていますが、銀と並んで大きな影響を及ぼしたものがあります。日本産の銅です。

日本列島には銅山が多く、豊富な産出量を誇っていました。銅は貨幣の鋳造には不可欠な鉱物です。中国やインドでは、「棹銅《さおどう》」と呼ばれる銅を輸入していました。これは銅を棒状に加工したものです。

また、アジア各地の貨幣を持たない地域では、日本から輸入した銅銭をそのまま流通させていました。

日本産の銅を大量に買って売りさばいたのは、日本と唯一通商関係を持つ、オランダの東インド会社でした。この日本産銅は、**戦争続きのヨーロッパに運ばれ、武器の鋳造にも使われました**。日本産銅も泰平の時代とつながっていたのです。

ヨーロッパで約200年にわたり革命と戦争の時代が続く

世界史

日本史

武器の鋳造にも使用される銅を海外に輸出する

日本史
世界史
17世紀

異人行列がサポートした「パックス・トクガワーナ」

平和な江戸時代を支えたもの

1603年、徳川家康が征夷大将軍に就任し、江戸に幕府を開きます。それから1867年の大政奉還まで、徳川幕府は264年存続しました。

初期は豊臣家との戦いである「大坂の陣」や、キリスト教徒が蜂起した「島原の乱」などがありましたが、戦乱といえばその程度で、あとは泰平続きでした。

この泰平の時代を近年では、「パックス・ロマーナ（ローマの平和）」という表現を借りて、**「パックス・トクガワーナ（徳川の平和）」**と表現することがあります。

さて、この「パックス・トクガワーナ（徳川の平和）」を実現させた徳川幕府ですが、軍事政

羽川藤永「朝鮮通信使来朝図」(1748年頃)

権であったことは一目瞭然です。

軍事政権が政権を維持するためには、「武力」を示し続ける以外にありません。

しかし、無用な戦争はできません。そこで幕府が考えたのが「武威」でした。

武力の威光を周囲にアピールし続けることによって、**「将軍と幕府はさすが!」**と思わせ、国内体制を維持したのです。

このとき武威の発揚に、大きな役割を果たしたのが、行列でした。とくに「異人行列」は体制維持のシステムとして、有効に作用しました。

異人行列とは文字通り、日本人以外の人々による行列であり、**朝鮮通信使行列**が代表格です。朝鮮通信使とは、将軍の代替わりごとに派遣された、朝鮮国の友好使節です。1607年~1811年まで計

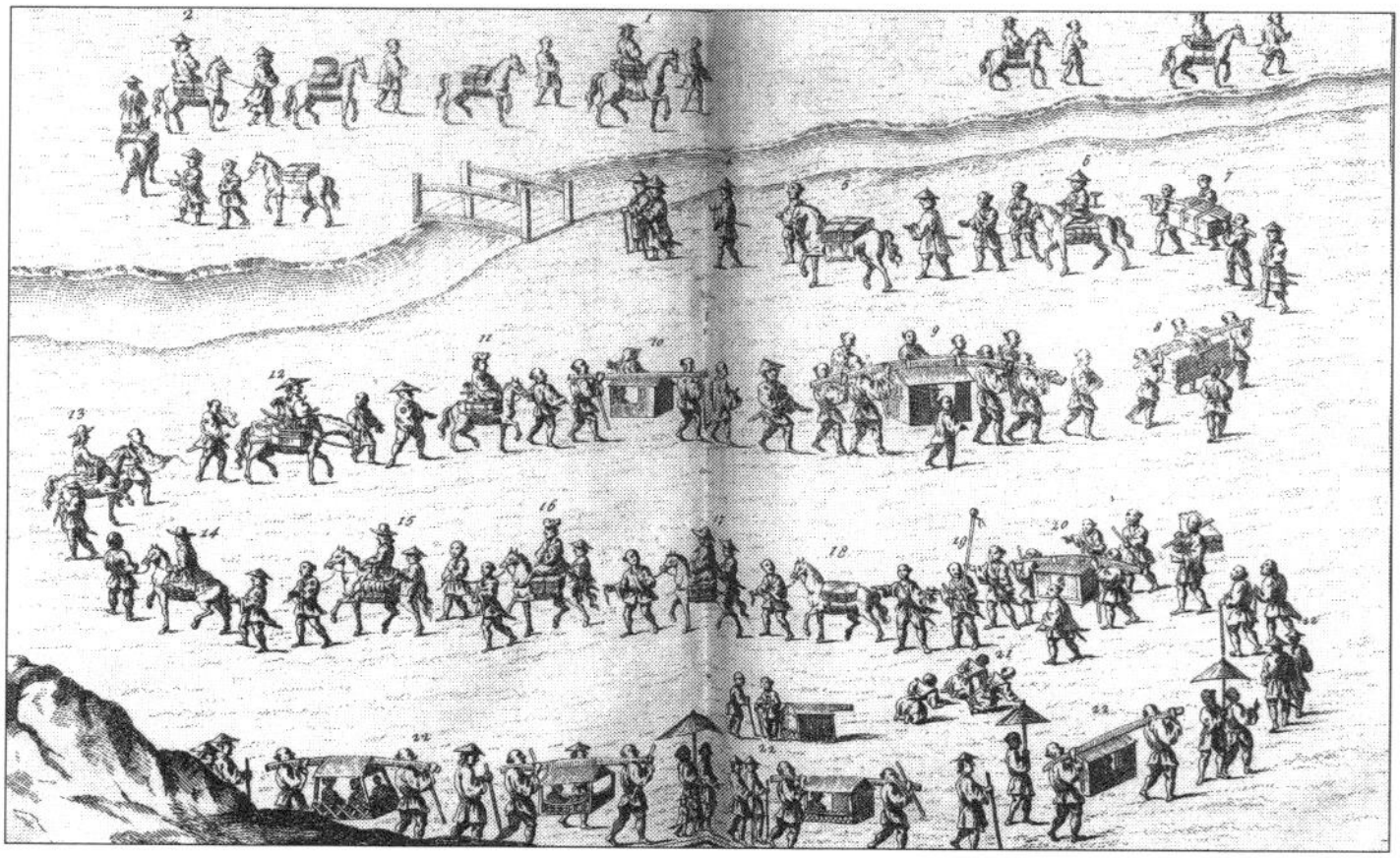

江戸へおもむくオランダ人たちの行列（1727年頃）

12回派遣されました。

経費は、全額日本が負担しました。一行は総勢平均440名。このため巨額の資金が必要でした。一行は、海路と河川を使って京都に至ったあと、行列を組んで練り歩きつつ、江戸へと向かっていきました。

もの珍しさもあって、行列が通る沿道には、多くの見物客がつめかけました。

オランダ商館長の江戸参府

異人行列は巨額の費用を必要としましたが、朝鮮国からの使者を迎えることは、幕府にとって重要なことでした。**「徳川将軍の威光は海外にまで広まっている」と国内に喧伝できる**からです。

人々が見守るなか、将軍のいる江戸へと向かう異国人の行列は、徳川将軍家と幕府の威光を被支配者層に実感させるのに抜群の演出です。

異人行列にはこのほかに、**琉球王国使節団**、**オランダ商館一行**がありました。このうちオランダ商館一行は、長崎出島にあるオランダ商館長（甲比丹《カピタン》）の江戸参府です。3代将軍・家光の時代から、毎年の春に行われたため、春の年中行事と化しており、行列見物は庶民の春の風物詩となっていました。

このオランダ商館長江戸参府について、江戸に出てきたばかりの若者松尾芭蕉が、「甲比丹も　つくばはせけり　君が春」という一句を詠んでいます。意味は「この春も、オランダ商館長一行がやってきて、将軍の前にひれ伏した。じつにめでたい春である」となります。異人行列はまさに、「パックス・トクガワーナ」の維持にひと役買っていたのです。

世界史
朝鮮やオランダなどが日本に使いを出し隊列を組んで江戸におもむく

日本史
異人たちの行列の威光を借りて長期間の平和を築き上げる

日本史
世界史
17世紀

江戸時代初期の日本は「大進出時代」だった

大航海時代に入ったヨーロッパと日本

15世紀に入るとヨーロッパでは、東南アジアの香辛料や「黄金の国ジパング」伝説、さらに日本産の銀にひかれて、さかんに東洋世界への進出をはかります。**「大航海時代」**の到来です。しかし、大航海時代に入ったのは、ヨーロッパだけではありませんでした。同じ時期、日本も大航海時代へと入りました。

多くの日本人が、商船に乗り込み、ルアン、トンキン、アンナン、カンボジア、シャムなど、東南アジアの拠点港湾都市に向かいました。

日本から運ばれたのは、銀、銅、鉄など地下資源です。とくに銀の量は膨大でした。その意味で国力は豊かであり、現代でいう産油国のような立場でした。

　輸出品を運ぶ商船は、徳川幕府から海外渡航許可証ともいうべき「朱印状」を発給されていました。このため東南アジアとの交易は**「朱印船貿易」**と呼ばれています。

東南アジアに築かれた日本人町

　東南アジアの各所には、多くの日本人町が形成されており、日本人たちは、滞在先の国内でさまざまな仕事に従事しました。

　彼らにとって、**傭兵**はおもな仕事のひとつでした。過去１００年にわたる戦国時代で鍛えられた日本人たちは、軒並み戦闘のプロフェッショナルです。

　彼らは持ち前の戦闘力を発揮し、東南アジア史に大きな影響を与えました。

　東南アジアでは、オランダやポルトガル、中国大陸の明国

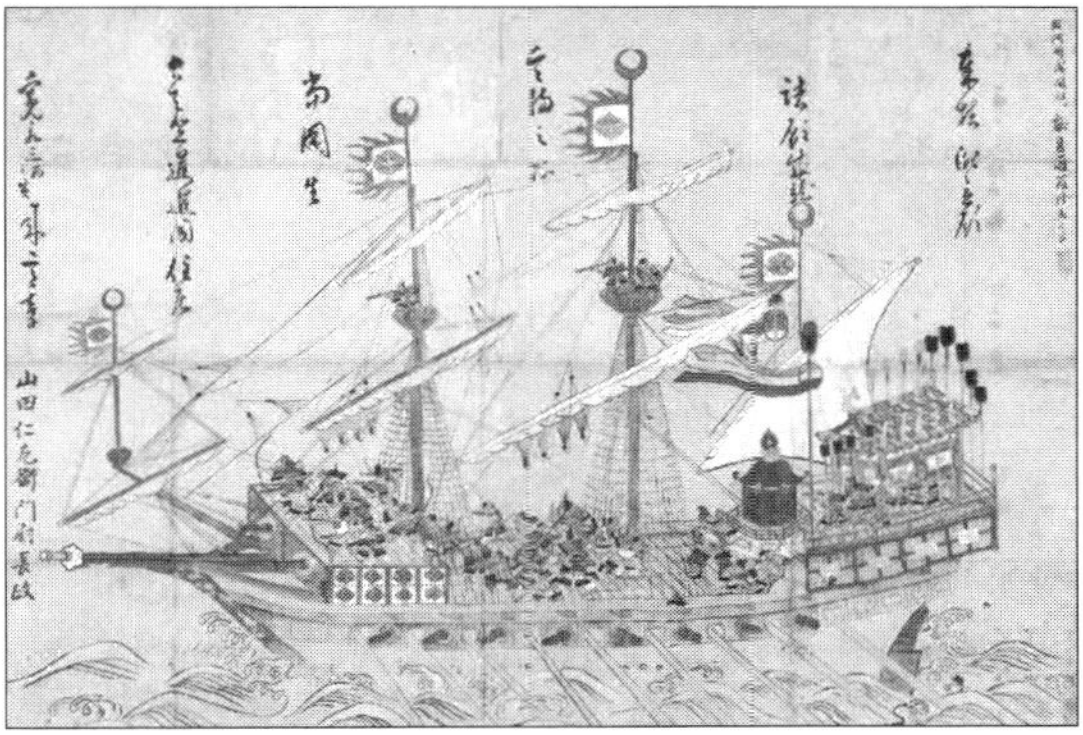

江戸時代初期に東南アジアへと旅立つ山田長政（「山田長政奉納戦艦図絵馬写」）

も貿易を行っていましたが、日本の朱印船貿易はオランダや明国以上で、ポルトガルに拮抗するほどさかんな時期もありました。

１代前の豊臣関白政権時代もヨーロッパとの貿易や日本人の海外進出は盛んでしたが、江戸時代初期は前代をしのぐ大進出時代だったのです。

「オランダの最も貴重な宝石」としてジャワやスマトラの名が書かれた絵画（ヨハン・ブラケンジーク画）

進出のきっかけを作ったオランダ

朱印船貿易のきっかけを作ったのは、**ネーデルラント連邦共和国**でした。一般的にオランダという国名で知られるこの新国家は、オラニエ公ウィレムをリーダーとする独立運動により、１５８１年、スペインから独立して誕生します。

誕生後、商業振興に力を入れたため、首都のアムステルダムを中心にヨーロッパ随一の商業国家となりました。

イギリスが東インド会社を設立すると、オランダもアジアとの貿易拠点として東インド会社を設立しました。ヨーロッパ勢力の貿易拠点がアジアに築かれたことで、東南アジアの海を舞台とした海洋交易は活況を呈するのです。

日本はこの経済圏に参入するため、積極的に東南アジアに進出したのです。

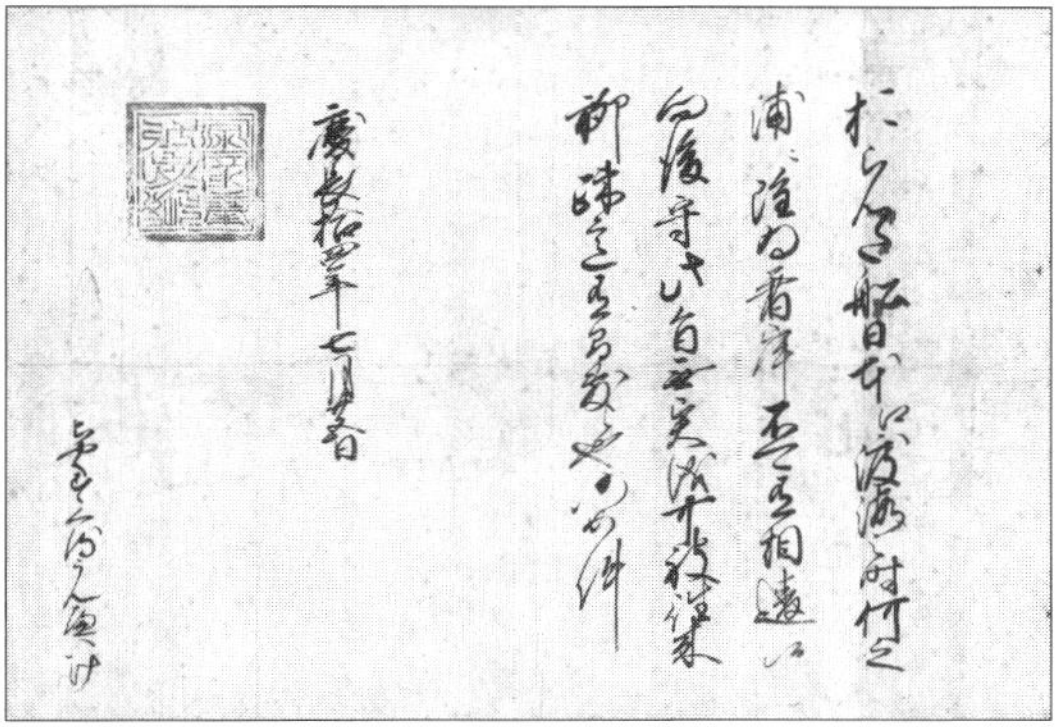
徳川家康の朱印状

対外貿易に積極的だった家康

対外貿易にことさら力を入れたのは**徳川家康**でした。オランダやイギリスとの貿易開始は、家康在世中のことです。

家康はまた、途絶えていたスペインとの貿易を再開するため、１６１０年、京都の商人田中勝介をノビスパン（スペイン領メキシコ）に派遣しました。

中世末期から近世初期にかけての日本は、ヨーロッパと並

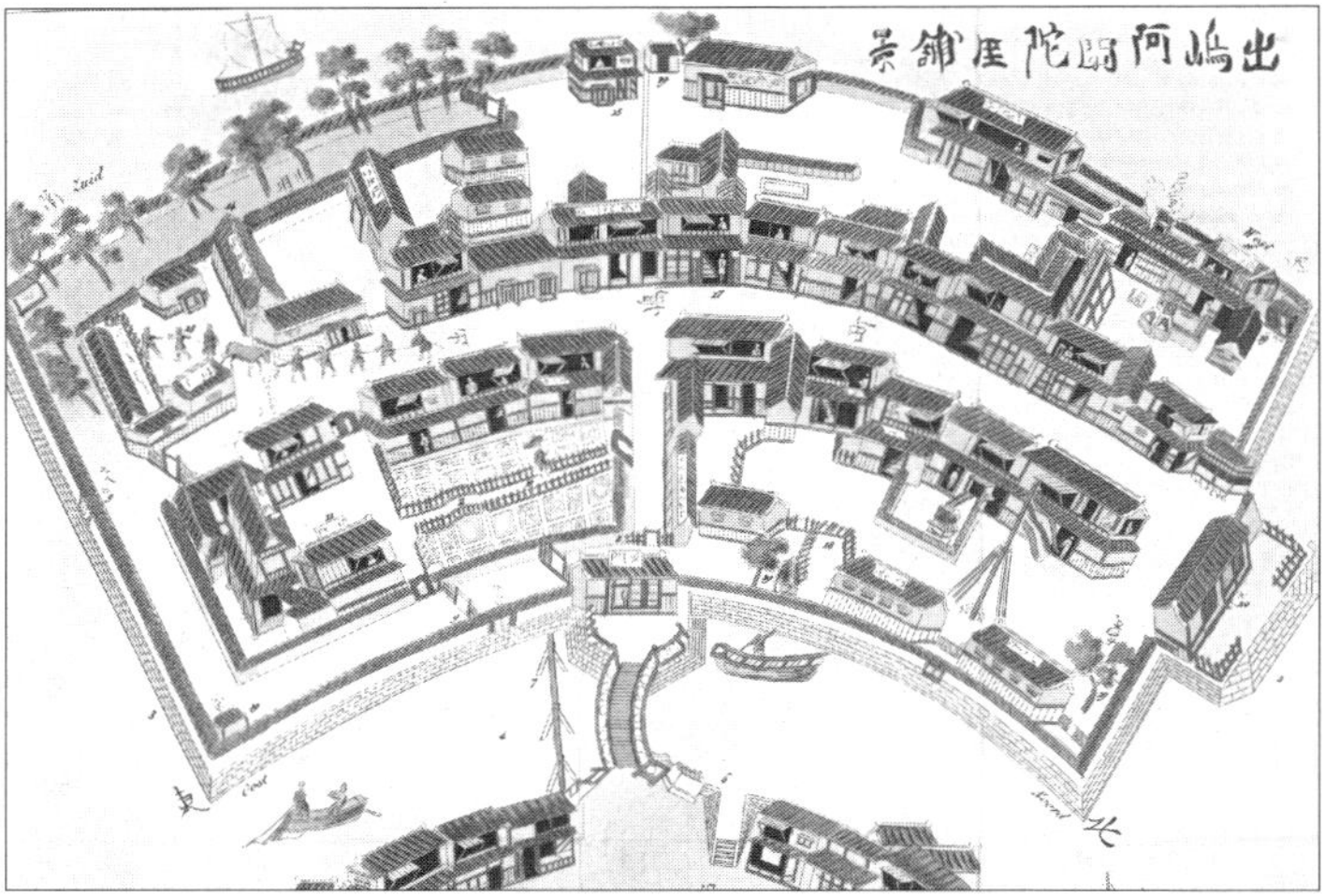

鎖国中にオランダとの貿易の拠点となった長崎の「出島」

ぶ海洋交易国家となりました。

しかし、家康の死後、この路線は変更され、国を鎖《とざ》した**「鎖国」**にシフトしていきます。

結果、最終的には朝鮮国だけと正式な外交関係を持ち、オランダと通商関係のみ、中国大陸の明・清両王朝と民間交易のみ、薩摩藩を通じて琉球王国と、松野前を通じて蝦夷地（現在の北海道）と関係を持つだけになりました。

日本が国を鎖した理由とは？

日本が外交を縮小したのには複数の理由がありました。

もっとも大きな理由は**キリスト教を警戒**したことです。キリスト教は世俗権力よりも、神の教えを優先させます。徳川幕府はこの点を危惧したのです（124ページ参照）。

スペインやポルトガルなど、ローマ・カトリックを奉ずる国がキリスト教を隠れ蓑にして、他国を植民地化していることも警戒の一因となりました。宣教師が乗り込んで現地人をキリスト教徒とし、世俗権力と争わせ、隙をついて本国の軍隊が現地に乗りこんでくるのです。東南アジアなどは、この方法で軒並みヨーロッパ勢力の植民地にされました。

ちなみに、オランダは**プロテスタント**を奉じていました。布教活動も一切しないと確約したため、通商に限って関係維持を許されたのです。

このほかにも幕府による貿易と外交の独占、西国大名の経済力増加に対する警戒などの理由により、日本の大航海時代は近世初期に終焉したのです。

ヨーロッパの船が世界各地に進出し大航海時代が到来する

世界史

日本史

江戸初期は積極的に海外進出したが家康の死後は鎖国が始まる

日本史
世界史

18世紀

「忠臣蔵」は清の海外貿易と大寒波に助けられて成功した

赤穂浪士による吉良上野介の殺害

江戸時代の元禄期の終わり頃、ある事件が起こりました。大石内蔵助《くらのすけ》を含む47人の**赤穂浪士**が、吉良《きら》上野介《こうずけのすけ》を殺害したのです。

ことの発端は１７０１年、大石たちの主人・浅野内匠頭《たくみのかみ》が江戸城内で吉良上野介に斬りかかり、切腹させられた件にありました。

江戸城内での刃傷《にんじょう》は厳禁です。浅野に対する厳罰は当然のことでした。しかし、当時浅野に仕えていた大石たちはその裁定を不服とし、「亡き殿のご無念を晴らすのが家臣のつとめ」として、主君の死の翌年、吉良上野介を討ち取ったのです。

忠臣蔵の物語を描いた浮世絵（歌川国貞画）

日本の金銀の流出と資金不足

１７０１年当時、浅野は江戸城で朝廷からの使者を接待する役にありました。この指導に当たったのが吉良だったのですが、指導をめぐってふたりのあいだが険悪になった結果、浅野は刃傷に及んだのです。

浅野は刃傷事件の18年前も、吉良の指導で同役をつとめあげていました。

18年前の1度目はうまくいって、１７０１年の２度目はうまくいかなかったのはなぜでしょうか？

じつは1度目と2度目のあいだに、**大きな変化**がふたつあったのです。

ひとつは中国大陸の**清帝国が海外貿易を自由化**したことです。これにともなって日本は、大量の金銀と引きかえに生糸や漢方薬の原料などを買いこみました。

「忠臣蔵十一段目夜討之図」（歌川国芳画）

そのため地金が不足し、金銀の量を減らし質を落とした貨幣が流通しました。この結果、**物価が高騰**してしまうのです。浅野が1度目の接待に用意した予算は、400両。当時はこれで足りましたが、2度目は倍以上の予算が必要となりました。しかし、浅野が用意したのは700両でした。

吉良としては幕府の名誉にかけて事を行いたいのに、予算不足では話になりません。このことが要因となって、吉良の浅野に対する風あたりは厳しいものとなったのです。

寒波が幸いした吉良邸への討ち入り

物価が高騰する原因はほかにもありました。冷夏続きによる**「元禄飢饉」**で、日本は極端なモノ不足だったのです。

冷夏を引き起こしたのは、1645年～1715年まで続いた**「マウンダー極小期」**と呼ばれる寒冷期でした。寒さによってモノが不足している日本では、金銀などの豊富な地下資源を活用するしか、道がありませんでした。この結果、モノ不足の日本を金銀流出が直撃し、**ハイパーインフレ**が起こり、浅野内匠頭刃傷、そして赤穂浪士討ち入りとなったのです。

もっとも、この寒さは赤穂浪士たちにとってプラスでした。大石たちが吉良邸に討ち入ったのは、1702年12月15日（旧暦）午前3時頃です。この日、江戸はこの冬いちばんの寒波に見舞われていました。また、前日に降り積もった雪が、江戸市中をベールのように覆っていました。大した暖房器具もない時代、寒さ対策といえば、戸を固く閉ざしてすきま風が入るのを防ぎ、家のなかで眠ることくらいしかありません。うっすらと積もった雪は、話し声を吸収し、足音が立つのを防ぎます。つまり、**異常寒波は、赤穂浪士47名の動きを隠してくれた**のです。

清帝国の貿易自由化と、地球の寒冷化は、思わぬところで赤穂事件とつながっていたのです。

世界史

マウンダー極小期により地球規模で寒冷化が進む

日本史

寒冷化による寒波が赤穂浪士たちの動きを隠し仇討ちが成功する

日本史／世界史

18世紀

イモがつなぐ東西の名君

享保の改革を推進した徳川吉宗

江戸幕府の第8代将軍は、**徳川吉宗**です。

紀州藩主を経て将軍職に就いた吉宗は、1716年から1745年にかけて幕政改革を行います。改革に着手したときの年号を取って、歴史上**「享保の改革」**と呼ばれるものです。

吉宗は華美な風潮を戒め、質素倹約を奨励するとともに、新田開発や貨幣の改鋳によって幕府財政の健全化をはかりました。また、市場経済の活性化や、裁判の公正化徹底などを行い、目安箱で庶民の声を拾いあげました。

享保の改革のひとつに、禁書令の緩和があります。

徳川吉宗

それまで幕府は、キリスト教思想の流入を警戒し、科学技術関連を含む一切の漢訳洋書の輸入を禁止していました。しかし、西洋天文暦学による改暦を望む吉宗は、**キリスト教と無関係の漢訳洋書の輸入を解禁した**のです。

これにより西洋の先進的科学が日本にも伝来し、ケプラーの第3法則と同等の発見をしたとされる麻田剛立《ごうりゅう》など、優れた科学者が民間から生まれました。

幕末維新期に日本が四苦八苦しながらも欧米世界と対応できたのは、漢訳洋書の輸入解禁により、日本にも西洋と同等の〝知〟が蓄えられていたからにほかなりません。

吉宗が改革の時点で、近い将来に起こる西洋諸国との接触を念頭に置いていたかは不明ですが、先例にとらわれない改革に踏みきった点において、紛れもなく名君といえます。

啓蒙思想を好んだプロイセンの名君

吉宗が将軍職にあった時期、ヨーロッパでも名君が誕生しました。プロイセン王国の**フリードリヒ・ヴィルヘルム2世**

フリードリヒ・ヴィルヘルム２世

です。

理性を重んじる啓蒙思想に傾倒し、「君主は国家の第一の下僕である」と称し、国民の福祉の増進につとめ、啓蒙専制君主のひとりとなりました。

このいっぽうで軍備強化や産業の育成にもつとめ、プロイセン王国をヨーロッパの強国に押し上げています。

東西の人々を救ったイモ

ところで、吉宗とフリードリヒ2世には、ある共通点があります。それは**「イモ」**です。

吉宗が将軍に就任したのは、マウンダー極小期と呼ばれる寒冷期が終わった直後で、気候はまだ安定していませんでした。

吉宗はここにおいて、蘭学者の青木昆陽に**サツマイモ**栽培を研究させます。これによりサツマイモは、関東でも栽培が可能になり、数々の名産地が生まれました。

埼玉県の川越はそのひとつです。川越産のものは甘みが際だっていたことから、「栗よりうまい十三里」といわれました。十三里とは川越から江戸までの距離です。

ヨーロッパでは**ジャガイモ**が栽培されました。緯度の高いヨーロッパでは、寒冷化による小麦減産で農業革命が必要となり、南アメリカ大陸からもたらされ、寒冷な気候でも栽培可能なジャガイモが着目されたのです。

もちろん、すんなりと移行したわけではありません。新しい作物を栽培することに、嫌悪の念を抱く農民も多くいました。これに対してフリードリヒ・ヴィルヘルム2世は、強制栽培の勅命を出して、ジャガイモを増産します。これにより今日に至るまで、ジャガイモはドイツ料理の主流となっているのです。東西の名君が同時期に、揃って「イモ」の普及に関わっている点、なんとも言えない歴史の面白味を感じます。

プロイセン王国のヴィルヘルム2世がジャガイモで人々を救う

世界史

日本史

徳川吉宗がサツマイモで人々を救う

日本史
世界史

19世紀

江戸期の日本とヨーロッパ 絵画でつながっていた

浮世絵に風景画が登場

江戸時代の半ば頃から、風俗画に新しい流れが起こります。そう、**浮世絵**です。

この新しい絵画は、町人文化が成熟するなかで、「つらい世だからこそ、浮き浮きと楽しもう」との意識のもと生まれました。このため人気役者、美女、芝居小屋、遊里など、享楽性に富んだ情報を発信して、大人気となりました。

さらに、人物などの背景にも関心が向けられるようになり、浮世絵のなかに「風景画」という新ジャンルが登場し、**葛飾北斎・歌川広重**によって確立されるのです。

葛飾北斎「神奈川沖浪裏」(1831〜33年)

浮世絵で多用される深いブルー

意表をついた構図、ダイナミックな造形美、超リアリティ、独得な遠近感の表現が、葛飾北斎の持ち味です。

代表作『冨嶽三十六景』中の「神奈川沖浪裏」には、そのすべてを見ることができます。

天をつかんばかりにそそり立つ波、木っ端のように翻弄される船と人、波間から見える富士山…。一度見たら忘れられないインパクトがあります。

『東海道五十三次』をはじめとする広重の絵には、北斎のような大胆さはありません。このことについて広重は、「私は自分の目に映った風景を再現するだけ」と語っています。

もちろん、単に見たままを描くのではありません。

左：モネ「オンフルールのバヴォール街」（1864年頃）
右：歌川広重「名所江戸百景・猿わか町よるの景」（1856年）

絵画を通して、その向こうにある真実を伝えるのです。現代の職業に当てはめれば、報道写真家となるでしょうか。

北斎＝驚きと感動を与える浮世絵師、広重＝情報と真実を伝える浮世絵師、とくくっても差し支えないでしょう。

ところで、浮世絵には、ひときわ目を引く沈み込むような深い青色が多用されています。これは「北斎ブルー」または「広重ブルー」と呼ばれています。

江戸時代に「ベロ」「ベロリン」と呼ばれた絵具で、本来の名を**「プルシアン・ブルー」**という合成化学顔料です。１７００年代の初頭、**プロイセン王国**（現在のドイツ）のベルリンで、製法が発見されました。

ゴッホ「タンギー爺さん」(1887年頃)。背後に浮世絵が描きこまれている。

モネ「ラ・ジャポネーズ」(1875年)

浮世絵の青色はベロ流通前、植物を原料とした絵具を使っていました。

しかし、出せるのは爽やかな青色のみでした。それがベロにより、深く沈み込む、奥行きのある青色が出せるようになったのです。

この新絵具の特徴を最大限に活かした最初の大作が、葛飾北斎の『冨嶽三十六景』でした。

ヨーロッパで発明された絵具により、浮世絵に新しい潮流が生まれたのです。

日本の浮世絵がヨーロッパの絵画を変えた

日本の美術は開国以前から、ヨーロッパに紹介されており、**ジャポニズムという日本美術ブー**

ムを巻き起こしていました。なかでも浮世絵は驚きをもって迎えられ、葛飾北斎と安藤広重の絵は、ともに高い評価を受けました。

ヨーロッパの絵画界では当時、伝統的なサロン絵画が主流でした。しかし、表現技法などはすべて出尽くしており、それ以上の発展は期待できない状態でした。そんな最中にジャポニズム旋風が起こるのです。

フィンセント・ファン・ゴッホ、クロード・モネ、ポール・ゴーギャンといった画家たちは、絵画界に新しい流れを起こすべく、浮世絵を収集し、表現技法などを研究しました。

結果、誕生したのが印象派絵画です。ヨーロッパ発の絵具が浮世絵を変え、浮世絵がヨーロッパの絵画を変えたのです。

世界史
ヨーロッパで日本美術ブームが起こり絵画が進化する

日本史
プロイセン王国でつくられた絵の具が使用した傑作が描かれる

日本史
世界史
19世紀

ナポレオンが日本の蘭学を発展させた

オランダを介して伝わる西洋の知

江戸時代の日本は、ヨーロッパ諸国中で唯一通商関係を結んでいるオランダから、西洋の情報を得ていました。

情報をもたらしていたのは、長崎の出島にあるオランダ商館長です。西洋の先進的学問や文化はオランダ語を介して伝えられたため、西洋の知識は「蘭学」と呼ばれていました。

蘭学を学ぶにはオランダ語を習得しなければなりません。日本人のオランダ語学習は江戸時代中ごろ、8代将軍徳川吉宗が享保の改革の一環として、医官・野呂元丈と儒学者・青木昆陽に学ばせたのが最初です。

ナポレオンの登場によるオランダの窮地

１７７２年、前野良沢・杉田玄白・中川淳庵・桂川甫周といった医師・蘭学者の４人が、ドイツの解剖書をオランダ語に訳した『ターヘル・アナトミア』の邦訳作業を開始しました。

そして悪戦苦闘の1年半の末に、１７７４年に『解体新書』として刊行します。

これにより蘭学の基礎は築かれましたが、オランダ語修得に必要な辞書が不備だったため、蘭学はまだ一部の人の学問でした。ところが、『解体新書』刊行から15年後の１７８９年、日本の蘭学発展を促す人物がヨーロッパに登場します。**ナポレオン＝ボナパルト**です。

フランス革命にともなう動乱のなかで頭角を現したこの風雲児は、優れた軍事的才能を武器に地位を確立。１７９９年に政府を樹立し、１８０４年にはフランス皇帝に即位します。

このフランスの動きに危機感を募らせたヨーロッパ諸国が１８０５年、３度目となる対仏大同

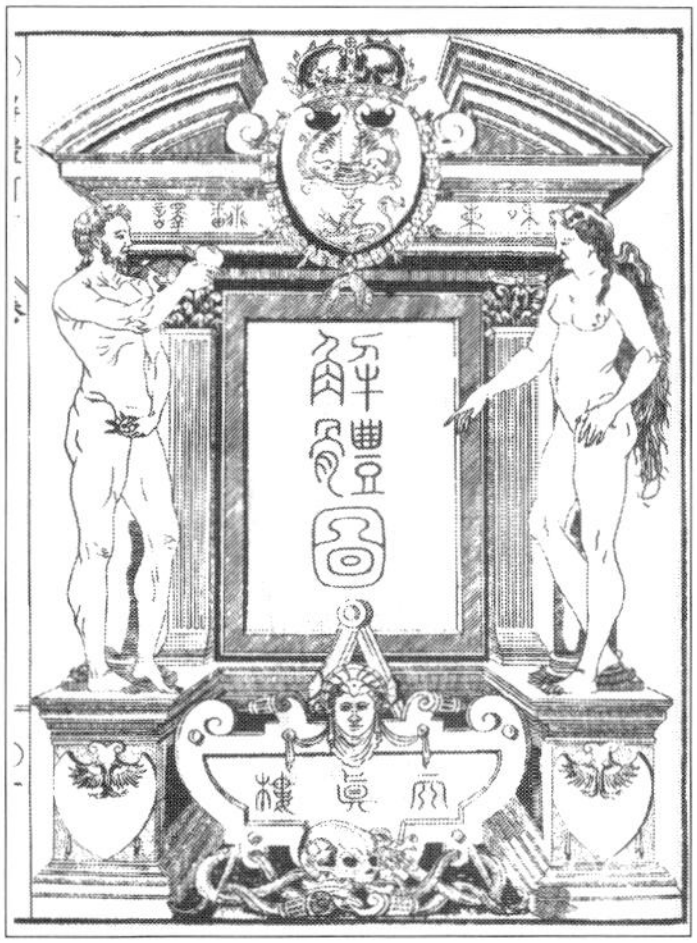

『解体新書』の表紙

盟を結成すると、ナポレオンは大陸制覇に向けた動きを加速させ、周辺諸国と軍事的衝突を繰り返します。

この動乱の中でオランダはフランスに制圧され、**独立を失う**のです。これにより、オランダ商館長ヘンドリック・ドゥーフは帰国できず、立ち往生する事態になってしまいました。

『ドゥーフ・ハルマ』と蘭学の発展

ドゥーフは156代目のオランダ商館長であり、1799年から1817年まで日本に滞在しました。

1年交代が原則のなか、17年ものあいだ日本に留まり続けたのは、ヨーロッパの動乱によりオランダ船の来航が途絶えたことによります。

1815年、ナポレオン没落を受けて開かれたウィーン会議でオランダは主権を回復。この2年後にドゥーフは帰国します。

『通布字典』(京都外国語大学付属図書館所蔵)

17年という長期滞在中、ドゥーフは文化交流の一環として、日本人オランダ通詞11人の協力のもと蘭和辞書の編纂を行いました。編纂はドゥーフ帰国後も日本人通詞達によって続けられ1833年に完成します。辞書は『ドゥーフ・ハルマ（通布字典）』『波留麻和解』などと呼ばれ、オランダ語と蘭学の習得に不可欠の書物となりました。

蘭学者緒方洪庵の適塾で、学生たちが同書を奪い合うようにして学問に励んだのはよく知られています。この『ドゥーフ・ハルマ』により蘭学のすそ野は爆発的に拡大するのです。

幕末維新の激動期、日本が四苦八苦しつつも西洋と対峙できたのは、蘭学によって多くの若者が西洋の知性に触れていたためです。この知性の習得に大きな役割を果たしたのが『ドゥーフ・ハルマ』であり、ナポレオンがドゥーフを日本に釘づけにしたからこそ成立したのです。

世界史
ナポレオンの登場によってオランダが一時独立を失う

日本史
オランダ人を通じて西洋の知識を取り込み優れた字典を完成させる

日本史
世界史
19世紀

中国から伝わった天然痘対策を進化させた日本の医師

恐ろしい伝染病「天然痘」

伝染病に国境はありません。日本で**「疱瘡《ほうそう》」**と呼ばれていた天然痘は、長いあいだ人類を苦しめてきました。

天然痘ウイルスが体内に入りこむと、40度前後の高熱が続き、発疹発生→水疱→膿疱と推移し、膿疱が乾いた頃回復します。老若男女を問わず、虚弱体質の人は命を落としました。

ただ、運よく回復しても、かさぶた痕で苦しみました。戦国武将の伊達政宗が、幼少期に天然痘で右目を失い、自身の容貌に深く悩んだのは、良く知られています。

いわゆる「あばた面」になってしまうため、その後の人生に影響を与えるのです。

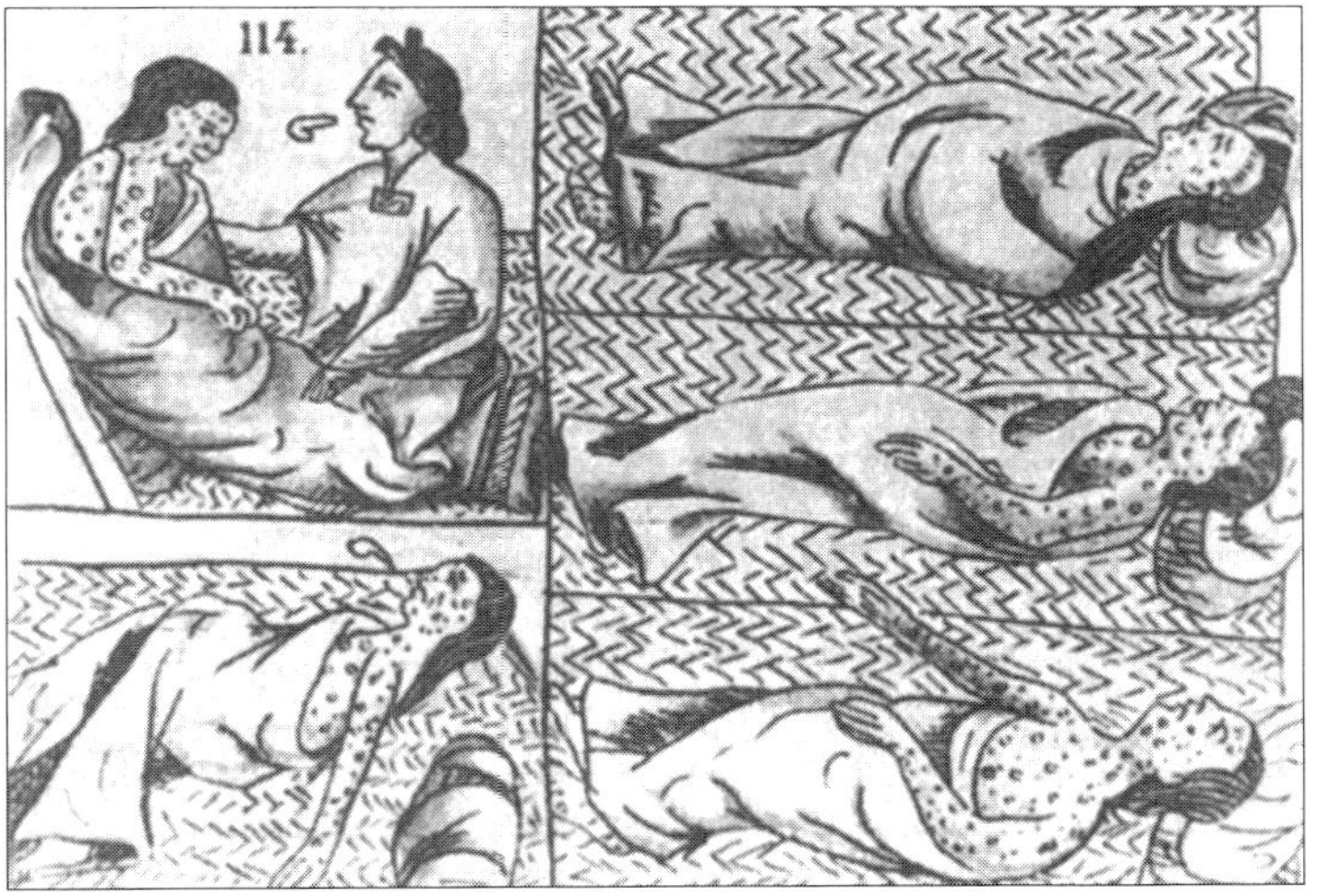

天然痘に苦しむアステカ人。右側ではパイプによる治療を試みている。

江戸時代から始まっていた種痘

古代より日本でも、周期的に天然痘が流行しました。科学が未発達の時代、有効な治療法などあるはずなく、多くの人たちが命を落としました。天然痘対策としての**「種痘《しゅとう》」**は、江戸時代の中ごろ、中国から伝えられました。

これは人間の天然痘の膿やかさぶたを健康な人のからだに移殖し、軽い天然痘を起こさせる方法です。一度でも天然痘にかかると、2度とかからなくなることを経験的に知ったうえでの対策でした。

しかし、真正の天然痘を発生させてしまう危険もあるため、この「人痘法」はなかなか普及しませんでした。

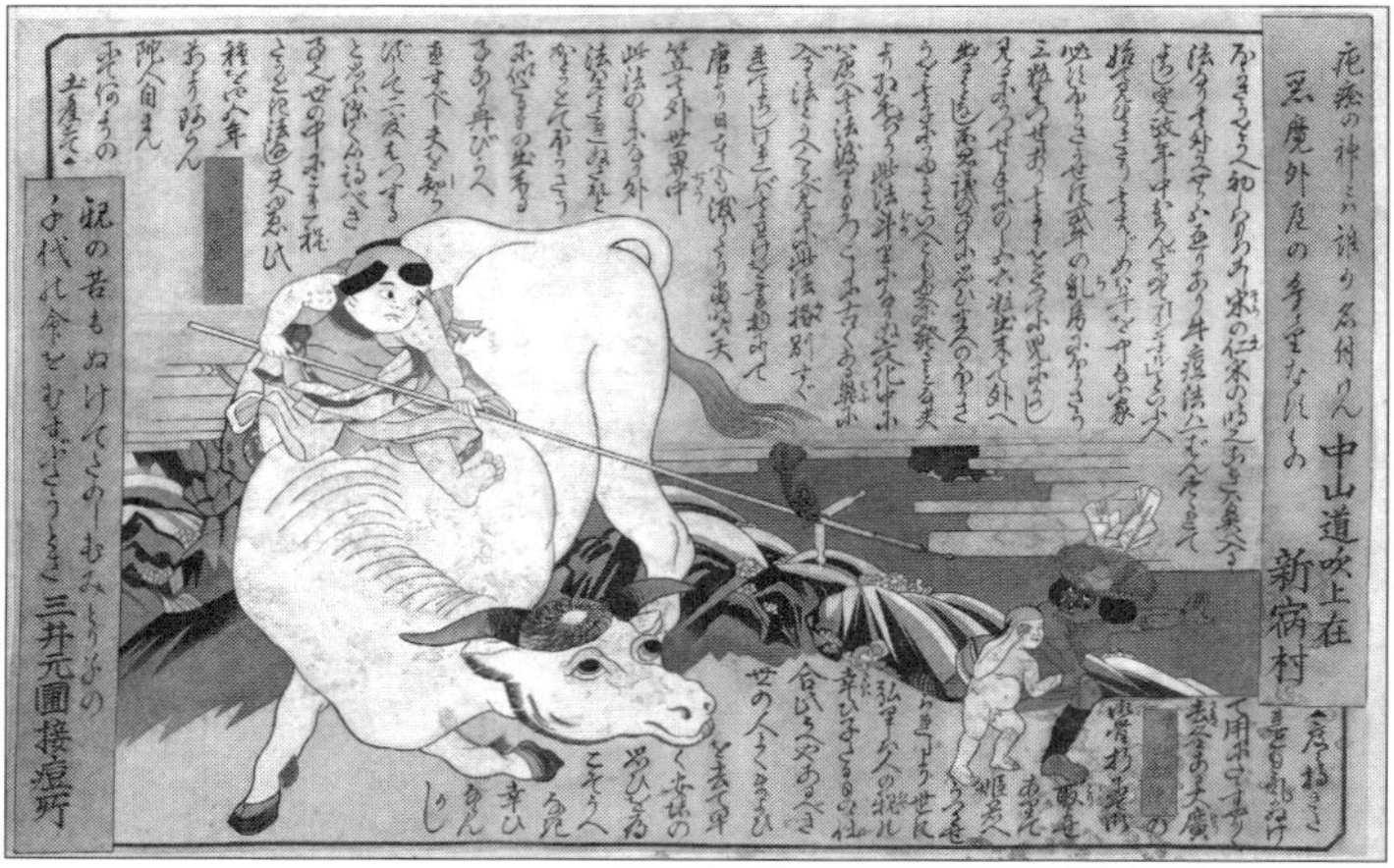

牛の姿が描かれた「種痘之図」

江戸時代後期に入ると、イギリスのエドワード・ジェンナーが開発した、**「牛痘法」**が伝来します。牛痘では重症化することがないため、人痘法よりはるかに安全でした。

この牛痘法の普及に尽力したのが、佐賀藩の医師・楢林宗建《ならばやしそうけん》でした。オランダ商館医師シーボルトのもとで、牛痘法の実演を見た宗建は、牛の痘痂（かさぶた）をオランダ商館経由で入手します。

牛痘による種痘はまず佐賀で行われ、次いで佐賀藩江戸藩邸で行われました。佐賀藩での成功を受けて、牛痘法は急速に広まっていき、各地に除痘館、有信堂、除痘館などの種痘専用の施設が開設されました。

種痘所は、設立から2年後、幕府直営となり**「西洋医学所」**と名前を改めました。これが東京大学医学部の前身となります。

天然痘の根絶が宣言される

この迅速な対応と協力体制の構築からは、医師たちの使命感がうかがえます。この強力なスクラムによって、種痘は次第に普及し、天然痘の罹患率は低下していきました。日本での患者発生は1955年が最後です。

ところで、冒頭で「苦しめてきました」と過去形にしたのは、理由があります。1980年、ＷＨＯ（世界保健機関）が天然痘の根絶を宣言したのです。

牛痘法が発明されて以来、長期間にわたって種痘が行われたことで、この戦いは終結しました。日本は江戸時代からこの戦いに参戦し、人類の勝利に貢献したのです。

世界史

天然痘根絶のため人痘法・牛痘法が開発される

日本史

江戸時代から国内に伝わっていた医療技術を進化させ普及させる

日本史 / 世界史

19世紀

ロシアの脅威があったから伊能図が作られた

押し寄せて来た近代社会の波濤

18世紀末に入ると日本は、欧米諸国から開国と貿易を求めて、執拗に接触されるようになります。これは欧米世界が変貌していたためです。

帝政ロシアを除いて、すべての国が近代市民国家へと生まれ変わっていました。また、産業革命による工業化も進展し、世界規模での**植民地争奪戦**が始まっていました。

アメリカは西部開拓を経て太平洋に進出し、ロシアは広大なシベリアの開発に力を注いでいました。

世界規模になりつつある欧米の拡大の波濤《はとう》が、日本列島にも到達し始めたのです。

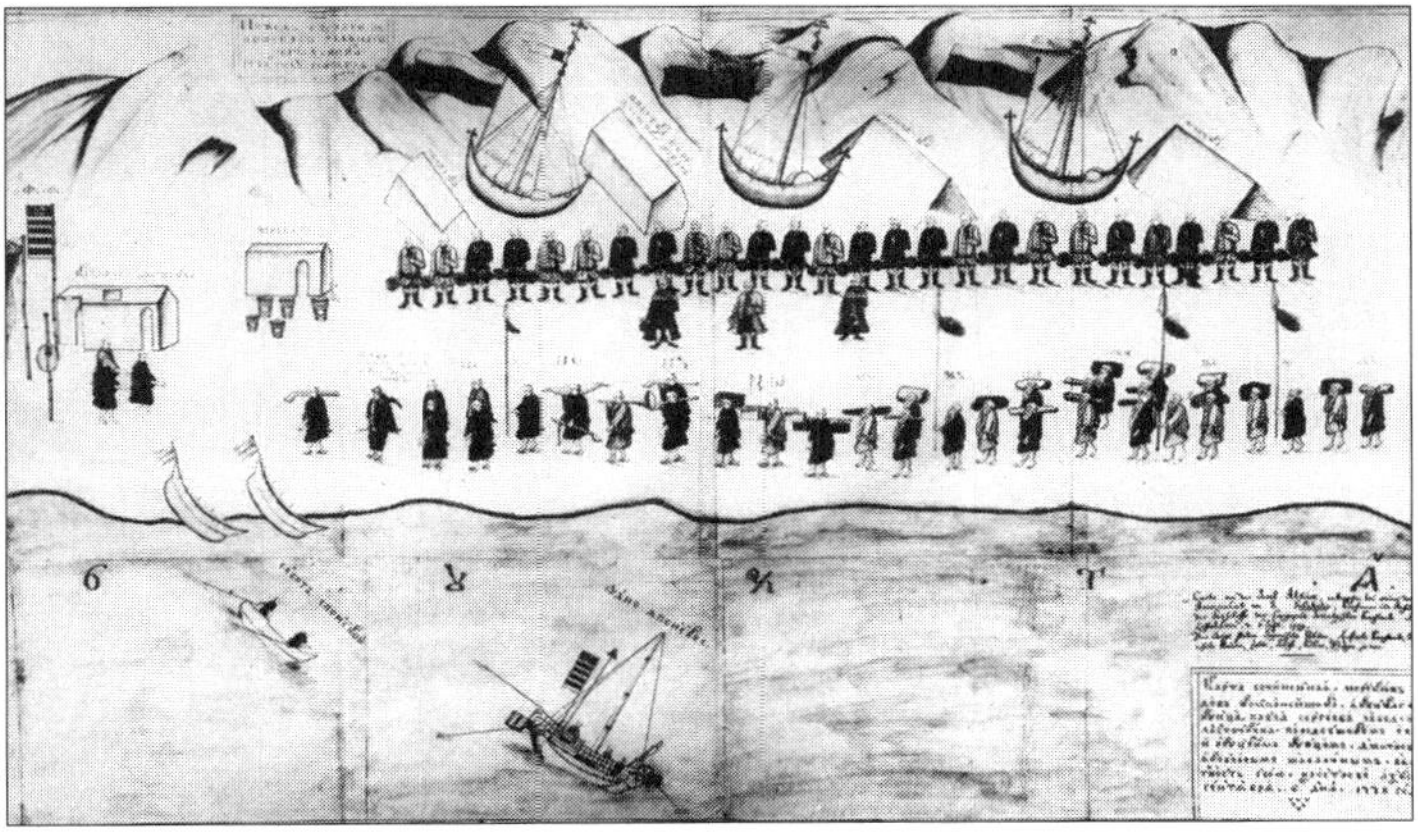

1778年にエカチェリーナ２世の勅書を携えたロシアの使者が北海道釧路の厚岸に到着したときの様子。

執拗なロシアのアプローチ

最初に日本の門を叩いたのは、シベリア開発を推し進める帝政ロシアでした。

ロシア船は通商関係を結ぶため、蝦夷地（北海道）や長崎にしばしば来航し始めます。

しかし、徳川幕府は「鎖国」を理由に応じません。するとロシアは**「武力で脅すしかない」**と判断し、実力行使に出ました。

１８０６年から翌年にかけて、ロシアの軍艦が樺太や択捉島を襲撃したのです。

これに対して幕府は、蝦夷地防衛の任にある弘前・南部両藩に加えて、東北諸藩に蝦夷地出撃を命じる一方、各藩に海岸の防衛強化を発令しました。

日本中がこの話題で持ちきりになり、江戸では「ロシ

北方を攻撃したナジェージダ号。外交使節だったニコライ・レザノフが部下に攻撃させたもので、その部下と思われる人物が描かれている。

ア軍が奥州に攻めてくる」というウワサまで流れる始末でした。

このあとも利尻島に上陸するなど、通商実現に向けたロシアの嫌がらせはやみません。

事件が頻発する蝦夷地については、「日本地にあらざれば」（老中松平定信の言葉）というのが幕府の認識でした。

しかし、ロシアが南下に本腰を入れた場合、この地が戦場になる可能性も高くなります。このような状況で蝦夷地を松前藩だけに任せておくのは、あまりにも危険な状態でした。

ここに至って幕府はようやく重い腰をあげ、1799年に東蝦夷を、1807年には蝦夷地全土を直轄化したのです。

測量の様子が描かれた「地方測量之図」(葛飾北斎画)

伊能図の誕生

これと並行して幕府は、日本の地形の把握に動きます。地形を知らないのでは、上陸地点や敵軍の位置を把握することができず、国土を守るうえで不利なためです。

幕府の命令のもと、この任は、伊能忠敬が担当しました。忠敬は１８００年に蝦夷地を、翌年には関東沿岸を測量し、さらに全国をまわって極めて高精度の全国地図「大日本沿海輿地全図」、通称、伊能図を作りました。

間宮林蔵の海峡発見

蝦夷地以北の地形を知ることも急務でした。

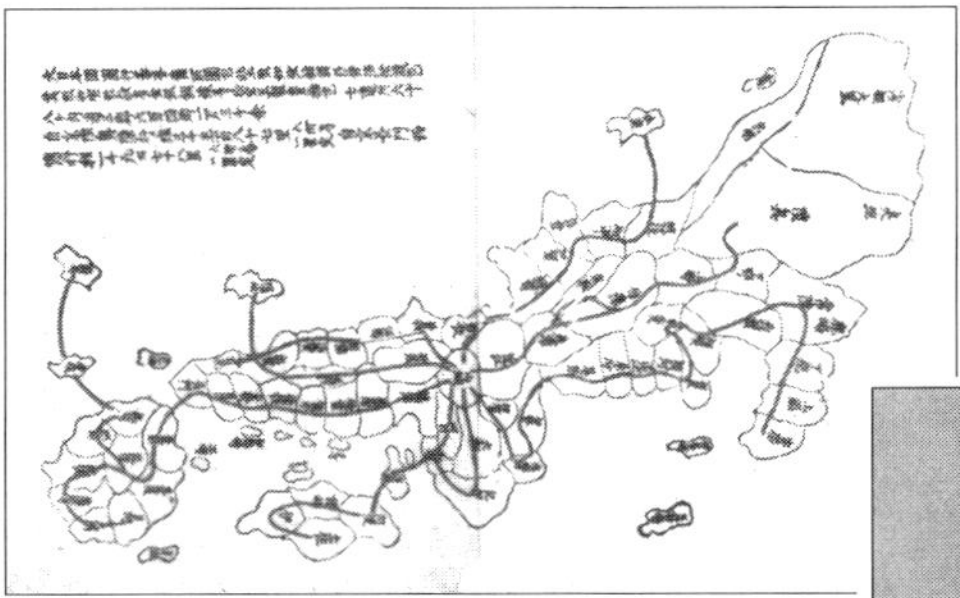

上:江戸時代中期まで利用されていたといわれる「行基図」
右:伊能忠敬
下:「日本国地理測量之図」

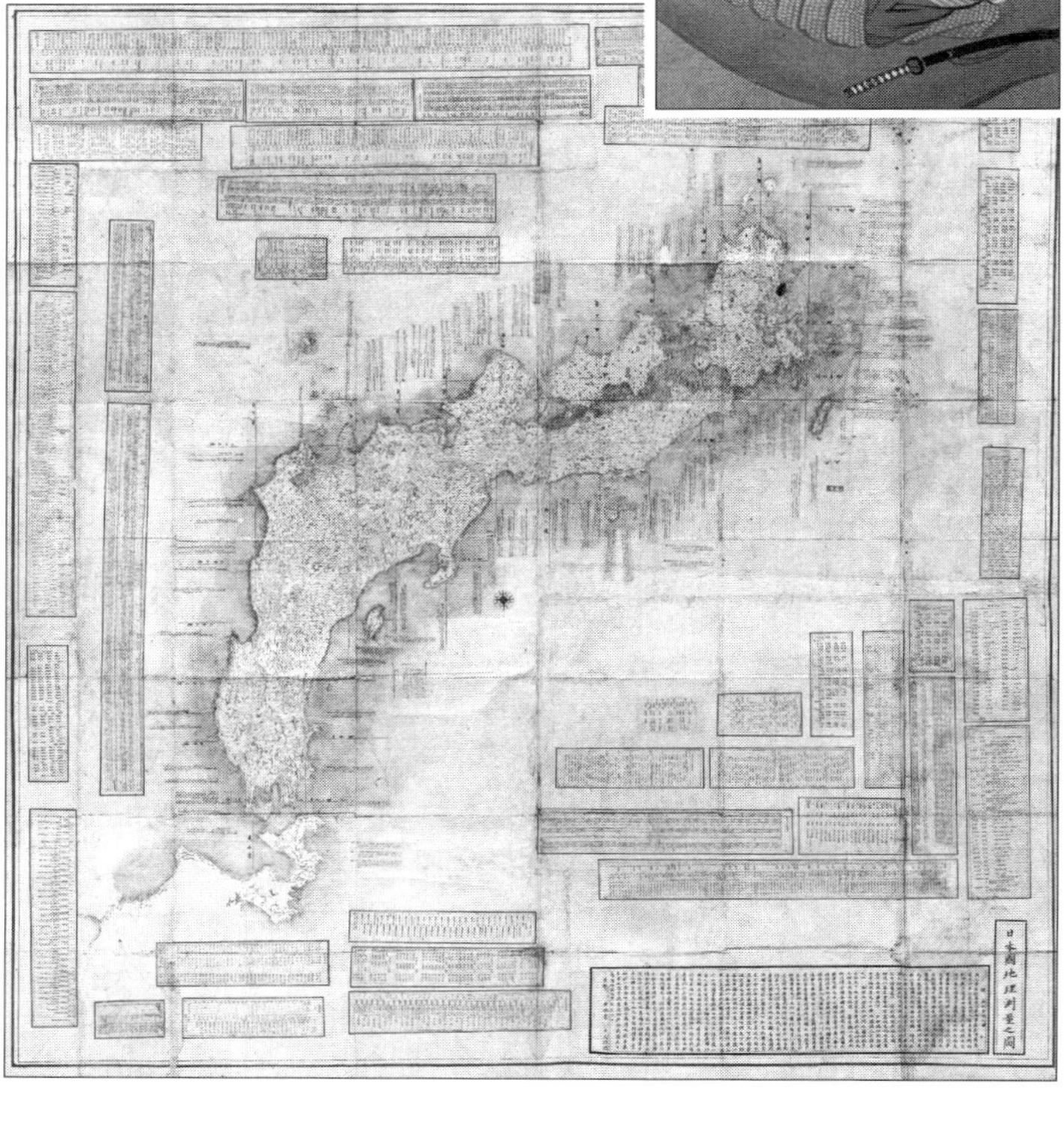

国後島《くなしりとう》・択捉島《えとろふとう》・得撫島《うるっぷとう》などの島嶼《とうしょ》の状況は、最上徳内《とくない》・近藤重蔵・富山元十郎といった探検家たちによって明らかになっていますが、樺太《からふと》については全貌が不明のままでした。

幕府の関心事は、「樺太が中国大陸北方と陸続きか否か？」という点に集中しました。従来の認識では陸続きです。

しかし、誰も確かめたわけではありません。島か？　大陸とつながっているか？　――結果いかんでは国土防衛の形も変わってきます。

この任には伊能忠敬に測量術を学んだ**間宮林蔵**が当たりました。

林蔵は2度の樺太探検で海峡を発見。樺太が島であることを突き止めます。

日本の地図完成と間宮海峡発見の裏には、ロシアの脅威があったのです。

ロシアをはじめとした各国が日本近海に現れアプローチを繰り返す

世界史

日本史

来たる脅威に備えて測量を行い正確な日本地図を作る

日本史
世界史

19世紀

クジラの油を取りにきたアメリカが日本を開国させた

近代化を支えたクジラの油

1824年5月28日、水戸藩領の大津浜に、12人のヨーロッパ人が上陸しました。水戸藩の役人が直ちに急行し、彼らを拘束して尋問したところ、彼らはイギリスの捕鯨船乗組員でした。船内で壊血病が発生したため、小銃などと引き換えに新鮮な食糧を得るため、上陸してきたのです。

当時の日本は外国人の上陸が禁じられていました。本来なら厳罰に処すべきところでしたが、日本の法を知らなかったのと、壊血病という理由があったため、必要な物資を与えて船に返しました。

捕鯨の様子(『日本山海名物図会』より)

この頃日本列島の太平洋沖合では、ヨーロッパやアメリカの捕鯨船が多数、クジラを捕っていました。食べるためではありません。キリスト教には「うろこのない魚を食べてはならぬ」との教えがあるからです(クジラは魚ではないのですが……)。

それでは何のためにクジラを捕るのか?

それはクジラの油、つまり、**「鯨油《げいゆ》」**を得るためです。ヨーロッパ諸国やアメリカが鯨油を必要としたのは、産業革命の進展によるものでした。

産業革命により、経済活動の中心は人力から動力に移りました。動力とは具体的には、蒸気機関を指します。蒸気機関は最初、紡績機や機関車などに採用されました。機械をスムーズに動かすには、潤滑油が必要になります。

石油はこの時期はまだ実用化されていません。そ

クジラの油を使った石鹸の広告（1886年）

こで目を付けられたのは鯨油だったのです。

また、産業革命により工業化した国々には、都市が増えました。見知らぬ人々が集まった都市では、治安の確保が大きな問題となります。都市の要所要所に「街灯」を設ける必要が生じましたが、このときも鯨油が注目されたのです。

捕鯨船のための補給基地

産業革命が進展し、都市化と近代化が進むと、鯨油は固形石鹸、ダイナマイト、マーガリンの原料となり、ますます需要が増えていきました。

この頃になると捕鯨の中心は、大西洋から太平洋に移っていました。大量のクジラが生息するこの大洋は、海の油田と形容しても良いものでした。

大量の鯨油を得続けるためには、適当な補給基地が必要になります。その必要性をもっとも痛感していたのがアメリカでした。広大な国土を有するアメリカには、多くの人々が移住し、工業化・近代化・都市化が急速に進んでいました。さらなる発展のためにも、大量の鯨油が必要だったのです。

1840年代には、約100隻の捕鯨船が、日本の太平洋沖で操業していました。アメリカにとって、日本列島内に捕鯨船の補給基地を確保することは、不可欠のこととなりました。当時の日本は、徳川幕藩体制のもと、外交を極端に制限した**「鎖国」体制下**にありました。アメリカにとって、日本の鎖国は自国の発展を妨げる法だったのです。

アメリカは砲艦外交で、日本をむりやり開国させます。その目的のなかでも、捕鯨船に対する食糧と飲料水の供給が、重要な位置を占めていました。クジラが日本を開国させたのです。

アメリカが鯨油獲得のための補給地として日本を開国させる

世界史

日本史

鎖国体制下に来航したアメリカの黒船によって開国させられる

日本史 世界史

19世紀

アメリカで南北戦争があったから日本は独立国家でいられた

アメリカの強圧的な砲艦外交

幕末期に入って、欧米勢力から開国と通商を迫られるなか、日本は最初にアメリカに対して、国を開きました。アメリカが武力を背景に強圧したからです。

通商条約の締結もアメリカが最初でした。総領事タウンゼント・ハリスが、「交渉に臨まなければ、次に来るのは大砲と軍艦」云々の発言をし、脅したためです。

アメリカの交渉は、まさに**砲艦外交**そのものでした。

しかし、1861年を境に急激にトーンダウンします。アメリカ本国で南北戦争が起こったためです。

1862年に行われた「ピーリッジの戦い」を描いた絵画

日本との外交から後退するアメリカ

南北戦争は、アメリカ合衆国が南部と北部に分かれて戦った戦争で、約4年のあいだ続きました。経済構造の違いから対立が高じ、武力衝突したのです。

この南北戦争では、**62万人もの戦死者**が出ました。第2次世界大戦でのアメリカ軍戦死者数が42万人ですから、南北戦争がいかに激しい内戦だったか想像がつきます。

南北戦争は、日本への艦隊派遣も不可能にしました。そのため、攘夷を実行した長州藩に対して、イギリス、フランス、オランダ、アメリカの4ヶ国連合艦隊が下関を砲撃した際にも、買い上げた商船に兵隊を乗せた程度でした。

日本との外交関係は維持されましたが、「イギリスやフランスとの協調」が基本姿勢となりました。

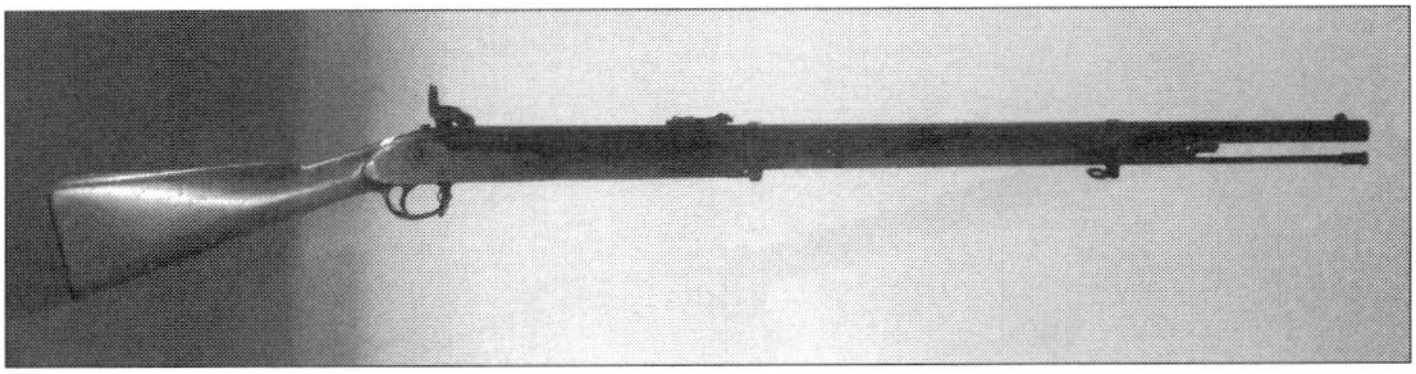

日本式ミニエー銃（©Uploadalt and licensed for reuse under Creative Commons Licence）

つまり、アメリカだけが突出して、日本に圧力を加えることができなくなったのです。もしアメリカが強圧的な砲艦外交を行い、イギリス、フランス、ロシアなどがこれに追随していたら、幕末維新期は私たちが知る以上に悲惨なものとなっていたでしょう。

南北戦争で余った最新鋭小銃が日本の戊辰戦争で使用される

南北戦争の勃発によって、アメリカが日本外交の第一線から退いたことは、日本にとって幸いなことでした。

ただ、幸いはこれだけに留まらなかったのです。

日本では大政奉還のあと、明治政府と旧幕府勢力のあいだで、武力衝突が起こります。鳥羽・伏見の戦いに端を発した**戊辰戦争**です。

この戦いの主役は、武器商人によってもたらされた洋式小銃でした。その数37万挺余であり、ゲベール銃からミニエー銃まで約70種類もありました。

このうち**ミニエー銃**は、アメリカの南北戦争でも使用された、最新鋭の小銃でした。弾丸の装填方法こそ、銃口から弾丸と火薬を込める前装式でしたが、命中率や射程距離など、どの小銃よりも優れていました。

ミニエー銃が日本に流れ込んだのは、アメリカでの南北戦争が終わったことで、武器商人たちが大量の最新兵器を抱えてしまったためです。つまり、余った武器在庫が日本で売りさばかれたのです。

明治政府側は、この最新式小銃を標準装備していました。このため短期間で、旧幕府勢力制圧を完了します。これにより戦争長期化にともなう、欧米勢力の内政干渉が防がれたのです。

南北戦争はその意味でも、日本にとって幸運なことでした。

世界史

アメリカで起こった南北戦争の影響で列強のパワーバランスが変わる

日本史

輸入した最新式武器を利用して新政府軍が戊辰戦争に勝利する

江戸時代

年	日本の出来事	世界の出来事
1600年	関ケ原の合戦が起こる イギリス人ウイリアム・アダムス、オランダ人ヤン・ヨーステンが来日する	イギリス東インド会社が設立される
1602年		オランダ東インド会社が設立される
1603年	徳川家康が征夷大将軍になり江戸幕府が成立する	
1604年		フランス東インド会社が設立される
1607年	第1回朝鮮通信使が到着する	
1610年	徳川家康がメキシコに使者を送る	
1613年	全国にキリスト教禁止令が出される	
1614年	大坂冬の陣が起こる	スペイン人ビスカイノらが「金銀島探検報告」を提出する
1615年	大坂夏の陣が起こる	
1616年	明以外の船の入港を長崎・平戸に限定する	中国で「清」が興る
1617年		中国で『東西洋考』が著される
1618年		ヨーロッパで30年戦争が始まる

日本史×世界史　つなげる年表④
（江戸時代）

江戸時代

年	日本	世界
1623年	イギリスが平戸の商館を閉鎖する	
1624年	スペインとの国交を断絶する	
1633年	第1次鎖国令が発される	
1635年	日本人の海外渡航が禁止される	
1636年	ポルトガル人を長崎の出島に移す	
1637年	島原の乱が起こる	
1639年	ポルトガル船の入港を禁止する	
1641年	オランダ商館が長崎の出島に移転し　オランダからの情報提供が始まる	
1642年		イギリスでピューリタン革命が起こる
1652年		第1次イギリス＝オランダ戦争が起こる
1688年		イギリスで名誉革命が起こる
1645年頃～	マウンダー極小期	マウンダー極小期
1701年	江戸城で浅野による刃傷事件が起こる	スペイン継承戦争が起こる
1702年	赤穂事件が起こる	
1716年	徳川吉宗による享保の改革が始まる	
1740年		オーストリア継承戦争が起こる
1756年		ヨーロッパで7年戦争が起こる

江戸時代

年	日本の出来事	世界の出来事
1774年	『解体新書』が刊行される	
1775年		アメリカ独立戦争が起こる
1778年	ロシアの使者が北海道に到着する	
1786年		フリードリヒ・ヴィルヘルム2世がプロイセン王となる
1789年		フランス革命が起こる
1793年		第1次対仏大同盟が結成される
1796年		イギリスが現スリランカを併合する
1798年		ジェンナーが牛痘法を発表する
1800年	伊能忠敬の測量が始まる	
1803年	間宮林蔵の蝦夷地の測量が始まる	ヘンドリック・ドゥーフがオランダ商館長に就任する
1804年	ロシア使節レザノフが来日する	ナポレオン・ボナパルトがフランス皇帝に即位する
1805年		第3次対仏大同盟が結成される
1806年	ロシア軍が択捉島を攻撃する	

日本史×世界史　つなげる年表④

（江戸時代）

江戸時代

幕府が全蝦夷地を直轄地とする	1807年	
葛飾北斎「冨嶽三十六景」の作成が始まる	1807年頃	
フェートン号事件が起こる	1808年	
	1815年	オランダが主権を回復する
大津浜にイギリスの捕鯨船が漂着する（大津浜事件）	1824年	第1次イギリス＝ビルマ戦争が起こる
	1825年	イギリスで世界初の鉄道が開業する
歌川広重「東海道五十三次」の作成が始まる	1832年	
『ドゥーフ・ハルマ』が完成する	1833年	
日本近海で多数の捕鯨船が操業する	1840年代	
	1840年	アヘン戦争が起こる
	1852年	第2次イギリス＝ビルマ戦争が起こり　イギリスが南ビルマを併合する
ペリーが浦賀沖に来航する	1853年	クリミア戦争が勃発する
	1857年	インドでセポイの反乱が起こる
江戸に種痘所が設立される	1858年	イギリス領インド帝国が成立する
	1861年	アメリカで南北戦争が起こる
大政奉還が行われる	1867年	

明治期に日本で作成された地図(1875年)

5章 日本の近代化と世界大戦

日本史
世界史
19世紀

ヨーロッパの情報を得ていたから明治の日本は急激に近代化できた

自主的に去っていったヨーロッパ

江戸時代の外交体制を**「鎖国」**と呼びます。これは「国を鎖《とざ》した」という意味です。

徳川幕府が鎖国を行った理由は、2つあります。

1つはキリスト教の流入を防ぐためです。

もう1つは、西国大名が独自に交易を行い、力をつけるのを防ぐためでした。

貿易継続を望むヨーロッパ勢力に対しては、武力で脅しました。戦国時代が終結し、江戸時代になっても、日本は相変わらず世界一の軍事国家です。ヨーロッパ勢力は黙って去っていくしかありませんでした。

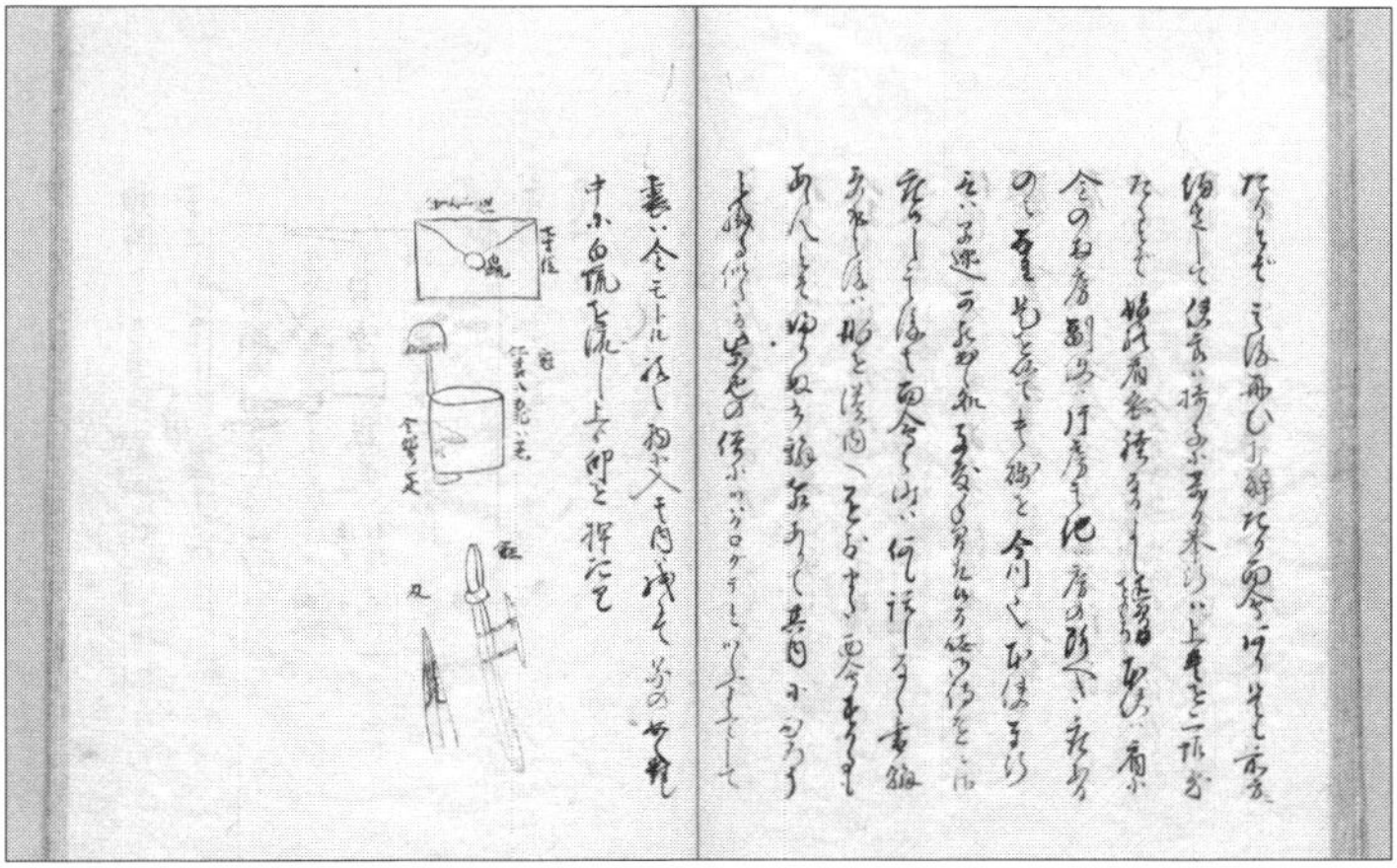

オランダ風説書の書面

鎖国によって自給自足体制になる

鎖国といっても、完全に国を鎖していたわけではありません。朝鮮国とは国交を結んでおり、将軍の代替わりのたびに「朝鮮通信使」が派遣されました。

中国大陸の明帝国や、それに続く清帝国とは、国交こそありませんが、民間での貿易は盛んでした。

オランダは長崎の出島に商館を置き、商館長（カピタン）が、貿易事務を取り仕切っていました。また、新たに赴任した商館長は、**『オランダ風説書《ふうせつがき》』**を幕府に提出する決まりでした。

これは欧米の情報を伝える報告書です。フランス革命、ナポレオン登場、ペリー来航……。幕府上層部は知っていました。

このほかに蝦夷地（現在の北海道）の松前藩が、ア

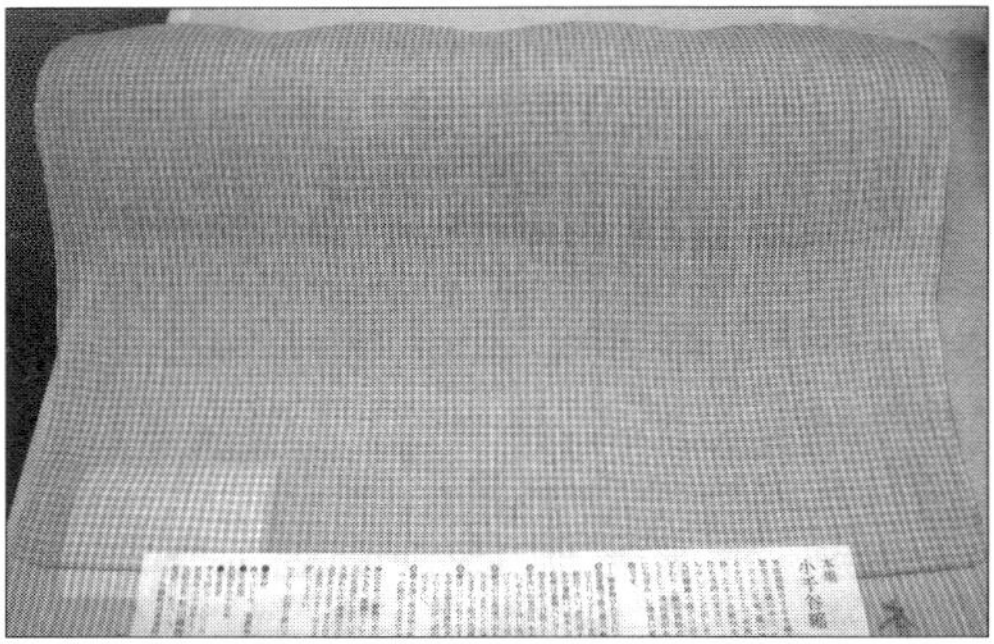

米沢藩で「自給的農村手工業」として生み出された麻織物・小千谷縮（おぢやちぢみ）（©Yasuo Kida）

イヌを介して北方交易に携わり、薩摩藩が琉球王国（現在の沖縄県）を介して、中国大陸とつながりを持っていました。

それでも外交と貿易を、大幅に制限していることには変わりがありません。

ここではかられたのが、日本列島内で経済活動が完結する、**完全自給自足体制**でした。

この動きのなかで、木綿・砂糖・朝鮮人参など、これまで外国からの輸入に頼るしかなかった物産が、次々と国産化に成功していきます。それらは幕府直轄地や藩の特産品として、日本国内に流通していきました。これらの特産品の売買には、武士が携わりました。藩出入りの商人たちを使って売りさばき、藩の収入に当てたのです。

武士＝藩の経営者と考えて良いでしょう。特産品は藩が管理しているわけですから、藩の指示があって初めて、出入り商人は特産品を取り扱うことができるのです。

ところで、藩は独立採算制でした。限られた土地で生産性をあげつつ、藩経済をやりくりしなければいけませんから、藩経営は大変なものでした。大政奉還で徳川幕藩体制が終わったとき、「これで藩経営の苦労から解放される」と、喜んだ大名が少なくなかったともいわれています。

さて、明治維新後、日本は**「文明開化」**という風潮のもと、急速に近代化していきます。経済体制も西洋型資本主義へとスムーズに移行しました。渋沢栄一や五代友厚など、元武士の近代的経営者も次々と登場しています。

明治維新後、日本が経済の近代化をはかれたのは、武士たちが藩経営を通じて、経営手腕のノウハウを蓄積していたからにほかなりません。その蓄積を可能にしたのが、鎖国と徳川幕藩体制だったのです。

当時軍事大国だった日本の征服をあきらめ撤退する

世界史

日本史

鎖国により自給自足の体制に入ったことで各藩の経営力が上がる

日本史
世界史
19世紀

幕末・明治期の日本の風景を絶賛したイギリス人

岩倉使節団と近代化政策

明治維新がなって4年後、先進国であるアメリカとヨーロッパの国々を視察するため、岩倉具視を全権とする使節団が世界周航の旅に出ます。**岩倉使節団**です。

使節団は行く先々で大歓迎を受けつつ、西洋文明の何たるかを学びました。

副使の大久保利通はあまりの差に愕然とするも、「40年あれば追いつける」と決意を新たにして帰国します。

「明治六年の政変」で西郷隆盛が下野すると、大久保が政権トップとして欧化政策を推進し、大久保が暗殺されたあとは、伊藤博文が路線を継承し、日本の近代化を進めました。

イザベラ・バードの『日本奥地紀行』に描かれた日本の風景

日本の農村風景を激賞したイギリス人たち

ところで、幕末から明治初期にかけて来日した外国人たちが激賞したのは、いずれも**日本の農村風景**であったことは案外知られていません。

幕末期に来日した初代イギリス領事オールコックは、日本の農村風景に感動し、「ヨーロッパにはこんなに幸福で暮らし向きの良い農民はいないし、またこれほど温和で贈り物の豊富な風土はどこにもないという印象を抱かざるを得なかった」と回顧しています。

近代ツーリズムの祖として知られる、イギリス人トマス・クックもそのひとりです。

岩倉使節団のイギリス滞在中に来日したこの

イザベラ・バード

英国紳士は、「豊かな自然の恵み、次第に移り変わって終わることを知らない景観の美しさに呆然」として、日本を理想郷として紹介しました。

さらにイザベラ・バードの記録も見逃すことができません。東北・北海道を旅したこのイギリス人女性旅行家は、山形県の米沢を訪れ、美しい農村風景に感動し、「アジアのアルカディア（理想郷）である」と書きました。彼女の著書『日本奥地紀行』は、本国イギリスでベストセラーとなりました。

イギリスの理想はカントリーサイドの暮らし

彼らが日本の農村風景に激しく感動したのは、理想と合致したためです。当時のイギリス紳士・淑女の理想は、カントリーサイド（郊外・農村）での暮らしにありました。都市で働いたあと、郊外に移り住み、自然に親しみつつ悠々自適の暮らしを送るのが、イギリス経済を担う人々の理想的ライフスタイルでした。彼らは生活に支障が出ないように、鉄道網や運河を張り巡らして、カントリーサイドを作り上げていました。

富強・貿易・工業などは、イギリス経済の担い手たる富裕層にとっては二義的なものでしかなく、**最終目的はカントリーサイドでの暮らしにあった**のです。

岩倉使節団の旅を記した『特命全権大使・米欧回覧実記』を見ても分かるように、使節団は鉄道の車窓から見えるカントリークラブには、まったく注意を払っていません。

日本にもあるような風景なのに加え、「日本は欧米に遅れている」という劣等感が根底にあるため、目には見えていても意味を考えようとしなかったのです。結果、使節団は「近代化＝都市化と工業化だ！」という結論に達し、帰国後の国作りを推し進めたのです。

世界史

カントリーサイドを理想とするイギリス人が日本の農村風景を評価する

日本史

イギリス人の視線を考慮せずひたすら都市化と工業化を目指す

日本史
世界史
19世紀

初もうでが定着したのはイギリスのおかげだった？

初もうでは鉄道によって誕生した

元旦の日、神社仏閣は初もうでの人々で賑わいます。

この初もうでは、明治に入ってから始まった風習です。

最初の舞台は川崎大師でした。日本**最初の鉄道**が品川〜横浜間に敷かれ、途中駅として川崎停車場が設けられます。すると、交通が便利になったため、元旦に川崎大師に参拝する人が激増したのです。

これにより初もうでが誕生し、日本各地に鉄道が敷設されるなか、**鉄道会社の宣伝**などによって、元旦に有名な神社仏閣に参拝する初もうでが定着していったのです。

祝賀列車が新橋駅を出発するところ（『汐留より横浜まで鉄道開業御乗初詣人拝礼之図』3代目歌川広重画）

イギリスを手本にした鉄道網敷設

日本での鉄道は最初、国が敷設を推し進めた官営鉄道であり、鉄道作りを独占するつもりでした。しかし、ほかにもやることは山積みなうえ、資金・時間に余裕がありません。

そのため仕方なく方針を転換し、民間の私鉄にも鉄道の敷設を許可します。これにより、官民ともに鉄道作りを進めました。そして1906年には、全国の主要な私鉄17社を買収し、**官営鉄道**に合併させるのです。

明治政府が方針を曲げてまで、鉄道の敷設を急いだのは、1日も早い経済発展を望んだためです。

経済は物資が行き交うことで回ります。経済的に発展したければ、大量の物資をスピーディに回すしかありません。この**「大量の物資をスピーディに」**が実現できるの

岩倉使節団

は、当時としては最速の乗り物である鉄道だけでした。

明治政府が鉄道網拡大＝経済発展と考えたのは、イギリスという先例があったからです。

19世紀後半に蒸気機関を実用化させたイギリスは、産業革命を進展させるとともに、国中を鉄道で結んで経済的に大発展します。富を武器に強力な軍隊を持ち、各地に植民地を得て、世界帝国と形容されるほど強い国になっていました。明治政府の要人たちは、このイギリスの様を直に見てきたのです。

文明も経済も鉄道次第で決まる

イギリスを直に見聞したのは、明治初期に世界を歴訪した、**岩倉使節団**です。岩倉具視を全権とするこの使節団は、アメリカを経てイギリスに至ります。イギリスには約4ヶ月滞在し、鉄道に乗って各地を巡り、大都市、大工場、鉄工所、造船所などを視察しました。そうしたなか、使節団副使の大久保利通が、次のことを看破するのです。

「イギリスの貿易や産業が、かくも盛大になったのは、ここ50年ばかりのこと。これは蒸気機関車発明あとのことだ。文明開化も貿易の振興も、鉄道を蒸気機関車が走ってのことだ」

これは大久保がイギリス滞在中、スイスに留学している後輩へ宛てた手紙の文言を分かりやすく直したものです。この考えに基づいて、日本の鉄道作りは推し進められたのです。大久保が岩倉使節団に加わっていなかったら、日本の鉄道作りは違ったかたちになったでしょう。

最初に見たように、初もうでは鉄道の誕生と深く関わっています。日本の鉄道網はイギリスのそれを見聞した、明治政府の主導によって作られました。この視点に立てば、初もうでが定着したのはイギリスのおかげ、ともいえるのではないでしょうか。

世界史

鉄道を敷設し大量の物資を迅速に動かすことで経済を発展させる

日本史

イギリスを手本に官民ともに鉄道作りを進め近代化をはかる

日本史／世界史
20世紀

西郷隆盛が死んだから日露戦争が起こった？

遅すぎた日英同盟

1902年、日本とイギリスのあいだで**「日英同盟」**が結ばれます。同盟の目的はロシア対策でした。勢力を南下させ、朝鮮半島を伺うロシアは、日本にとって最大の脅威でした。ロシアの進出を抑えるには、大国と同盟を結んで威圧するしかありません。そのためロシアの勢力拡大を警戒するイギリスと手を組んだのです。

しかし、この2年後、日本はロシアと戦わざるを得なくなります。ロシアの極東地域での勢力が拡大し、抑止力とならなかったのです。同盟の締結時期があまりに遅すぎました。

「征韓論之図」（楊洲斎周延画）。中央に西郷が描かれている。

西郷の本当の狙いはロシアだった

ところで、日英同盟が結ばれる28年も前に、「イギリスと同盟して、ロシアを抑えるべし」と考えていた人がいました。

薩摩の**西郷隆盛**です。

西郷は「明治六年の政変」によって下野しましたが、西郷が唱えた「征韓論」の本当の狙いはロシアにありました。

これは黒田清綱という人物の証言からも、確かなことです。

朝鮮半島への使節派遣が閣議決定したあと、黒田清綱は西郷と話をしています。黒田はこのときのことを次のように回想しています。

「西郷翁は、一兵も動かさず解決してみせるという覚悟だった……ハッキリ言っておくが、立派に談判を仕遂げて帰る成算があったのだ。……朝鮮のことは、すぐかたづく、帰りはロシアに回って同盟を結んでくると私に言った」

日英同盟の風刺画

さすがにいきなりの「同盟」は無理だと思います。ただ、かつての畏友・橋本左内が「ロシアと同盟すべし」と唱えていましたから、そのことが頭にあったのかも知れません。

いずれにしても、西郷にとって朝鮮半島情勢は、すぐかたづく程度のものであり、本当の狙いはロシア対策にありました。しかし、西郷は派遣されることなく政府を去るのです。

西郷が示した世界戦略

下野した西郷は鹿児島に帰り、私学校を設立して、子弟の教育に当たりました。１８７４年1月、この西郷のもとを旧庄内藩士が訪れます。

庄内藩は戊辰戦争の際、旧幕府勢力として明治政府と敵対します。しかし、戦後処理に際して寛大な処置が下されたため、旧庄内藩士はみな、西郷に心服していました。

このとき西郷は、訪れた旧庄内藩士に、次のような考えを示したのです。

「近い将来、ロシアとの対決は必至である。北海道を防衛拠点にすると対抗は不可能だ。朝鮮半島問題を迅速に解決し、沿海州方面に日本が進出し、そこを防衛拠点とすべきだ。イギリスとロシアの対立も高じている。それを利用してイギリスと連携して当たれば、ロシアは怖れるに足らず」

イギリスとの同盟を念頭においた、**西郷の世界戦略**です。インドを植民地とするイギリスは、ロシアの中央アジア進出に神経をとがらせていました。敵の敵は味方の理論です。

西郷の戦略が活かされていたら、本当の意味での抑止力となり、日露戦争は起こらなかったかも知れません。20世紀の極東情勢も、もっと違うものとなっていたでしょう。

世界史

極東地域でのロシアの勢力が拡大し世界のパワーバランスが崩れる

日本史

ロシアを阻止するためイギリスと組み日露戦争に臨む

日本史
世界史
20世紀

日露戦争での日本の勝利が人種の解放を促進した

大国ロシアに勝った日本

1904年2月、日露戦争が勃発しました。国力はロシアが圧倒的に上でしたが、ロシアの極東での影響力は増すばかりであったため、日本は存亡をかけて立ち上がったのです。

日本は旅順要塞を落とし、奉天会戦に勝ち、バルチック艦隊を撃破するも、国力は限界に達していました。一方のロシアでは、革命の勃発により、戦争継続が困難になっていました。

これを受けて、アメリカ合衆国大統領セオドア・ルーズベルトが仲介に入り、ポーツマス条約が結ばれ、日露戦争は**かろうじて日本の勝利**に終わりました。

「有色人種でも白人に勝てる」

辛勝とはいえ、日露戦争での日本の勝利は、世界史の流れを大きく変えることになります。

日露戦争前、世界の支配者は、ヨーロッパ人やアメリカ人に代表される白人でした。

コロンブスによる新大陸発見と、大航海時代の波に乗って、世界に進出した彼らは、市民革命で自国の政治体制を固め、産業革命による工業化で武力を充実させ、アジア、アフリカ、中南米を支配しました。世界はまさに**「支配者…白色人種」「被支配者…有色人種」**という構造になっていたのです。

有色人種たちが、怒りを感じないはずがありません。しかし、最新鋭の兵器や巨大な軍艦、統率のとれた近代的軍隊を前にしては何もできません。

1904年にフランスで描かれた日露戦争の風刺画

青年トルコ人革命の成功を祝う人々（ソティリオス・クリスティディス画）

このような状況下で起こったのが、日露戦争での日本の勝利でした。これは有色人種が、世界を支配する白色人種に、一矢を報いたものになりました。言葉を換えるなら、大航海時代以来の世界の支配構造に、大きなヒビを入れたのです。

同時に、世界の被支配者を**「有色人種でも白人に勝てる」**と覚醒させたものでした。

各地で盛り上がる民族運動

日本が日露戦争で勝利したことは、ヨーロッパの帝国主義の圧迫に怒りを募らせる世界各地の有色人種を大いに勇気づけました。

これにより植民地化されている国々で、**民族運動**が盛んになっていきます。民族運動の結社が林立していた中国の清朝では、孫文によって結社の大同団結がはかられました。これにより「中国同盟会」が組織されます。フランス領インドシナ（現在のベトナム）では、ファン＝ボイ＝チャウによって、ドンズー（東遊）運動が始まりました。青少年を日本に留学させるためのものです。インドでは、国民会議による反イギリス運動がさらに高揚し、１９０６年のカルカッタ大会で、「自治獲得」「英貨排斥」「民族教育」「国産品愛用」の４綱領が採択されました。

このほかにも、イランで立憲革命、トルコで青年トルコ革命が起こり、オランダの植民地インドネシアでも、サレカット＝イスラム（イスラム同盟）が組織されるなどの動きがありました。

大航海時代の発端となった、コロンブスによる新大陸発見から続いてきた流れは、日本の日露戦争での勝利により、大きくターンを切ることになったのです。

日露戦争での日本の勝利を見て各国の民族運動が盛り上がる

世界史

日本史

大国ロシアと戦いかろうじて勝利を得る

日本史
世界史
20世紀

チンギス・ハンの世界帝国が大東亜共栄圏を後押しした

世界最大の帝国をつくったチンギス・ハン

13世紀の初頭、ユーラシア大陸に、史上最大の帝国が築かれました。モンゴル帝国です。立役者はモンゴル族のチンギス・ハンでした。彼は周辺の部族を統一すると、モンゴル帝国をつくりあげます。最盛期には、ユーラシア大陸のほぼ全域を支配しました（99ページ参照）。

1227年、チンギス・ハンは没しますが、そのあとも一族による征服活動は続けられました。そして帝国は時間をかけて解体され、滅亡していきます。

しかし20世紀の日本において、政治の舞台で、思わぬ形でその名前が注目されることになるのです。

左：源義経　右：チンギス・ハン

チンギス・ハン＝源義経？

チンギス・ハンの死から697年後、日本で**「チンギス・ハンは源義経だ」**との説が提唱され、日本中が騒然としました。

説を唱えたのは、小矢部全一郎という人です。歴史学者としては在野に属しますが、アメリカのエール大学で哲学を学び、学位を取得した博学の人です。

源義経は鎌倉時代初期の武将です。平家討伐で抜群の武功をあげますが、兄・源頼朝との確執により、政権から追放されたあと東北に逃げましたが、結局、殺されてしまいます。

数々の武功をあげたにもかかわらず兄によって殺された義経は、その後悲劇の英雄として語り継がれることになります。

大川周明

「チンギス・ハン＝源義経」説は江戸時代からささやかれていましたが、時代が下るにつれて話は大きくなっていき、大正時代に入り、小矢部《おやべ》全一郎《またいちろう》が『成吉思汗ハ源義経也』を刊行したのです。

この書は大きな反響を呼び、歴史学からの猛反論にも関わらず、多くの日本人が「源義経は東北で死なず、モンゴルに逃れてチンギス・ハンになった」と信じるに至りました。

国家主義者たちが義経生存説を支持する

一見すると、このチンギス・ハン＝源義経説は、単なる歴史ロマン、またはトンデモ歴史に属するような、荒唐無稽な話に見えます。

ところがこの説は単なる歴史ロマンでは終わりませんでした。**国家主義者**と呼ばれる人々が、この説を高く評価したのです。つまり、「チンギス・ハン（源義経）が、かつて大帝国を築いたように、20世紀の日本人も、巨大な版図を掌握すべき」という理論です。

大川周明はその代表格です。彼は大正から昭和の初期にかけ、日本のファシズム運動をリードした人であり、太平洋戦争終結後にA級戦犯に指定されました（発狂したため死刑は免除）。このほかにも甘粕正彦をはじめとする多くの国家主義者が、チンギス・ハーン＝源義経説を支持しました。

これにより同説は、日本が大東亜共栄圏を築く理論的根拠となってしまうのです。政治的プロパガンダにも使われ、同説を否定したら即刻処刑されそうな空気さえ醸成されました。

最終的には日本の敗戦によって「チンギス・ハン＝源義経」は歴史ロマンの域に戻りましたが、まったく異なる2人が時空を超えてつながりあい、日本社会に大きな影響を与えたのです。歴史がときに思わぬ展開をする好例といえましょう。

13世紀の英雄チンギス・ハンがモンゴル帝国を築き上げる

世界史

日本史

20世紀に一部の国家主義者が義経＝チンギス・ハン説をとなえる

日本史
世界史
20世紀

日本刀ファンを世界に広めたＧＨＱの刀狩り

外国人を魅了するサムライ・ソード

近年、「クールジャパン」という言葉をしばしば耳にします。これは世界でクール（格好いい）とされている日本の文化や産業を、日本から積極的に発信するものです。

外国人がクールと感じているもののひとつに、日本刀があります。日本刀は「サムライ・ソード」という名で、多くの外国人を魅了しています。

じつはここには、太平洋戦争終結に起こった、ある出来事が関係しています。日本の武装解除名目で進められた、ＧＨＱによる**〝昭和の刀狩り〟**です。

ＧＨＱによる“刀狩り”の様子

軍国日本の象徴とされた日本刀

連合軍に降伏した日本は、１９４５年から１９５２年まで、ＧＨＱ（連合国軍最高司令官総司令部）の管理下に置かれることになります。

ＧＨＱが真っ先に推し進めたのは、日本の武装解除でした。対象は軍隊ばかりでなく、民間にも及びました。

銃刀法が整備されている現在とは異なり、戦前の日本では民間でも銃などの所持が自由でした。占領と治安維持のうえでも、武器の摘発が必要だったのです。

ＧＨＱは、日本刀の摘発に異様なまでに執着しました。これは**日本刀＝日本の軍国主義の象徴**としたためです。

全滅のための万歳突撃、見せしめのための捕虜斬首、自決の際の切腹。この理解不能な行動をとる日本軍将兵の手には、必ず日本刀がありました。軍国日本の象徴とされる

日本刀を脇に抱えたマックス・ジャーメイン。彼はのちに豪州サザビーズを創設した。

のは、ある意味仕方のないことだったのです。GHQは、軍国日本を復活させないため、すべての日本刀を摘発して破却する、という方針を打ち出しました。

対して日本側は、日本刀は単なる武器でなく、美術品としての価値が高い、神社などに御神体として祀られているものもある、家宝として日本刀を伝えている家も多いことなどを主張し、存続と破却の選別を求めました。

海外に流出した名刀たち

こうした要請をする一方、日本側は要求を通りやすくするよう、GHQ関係者に**贈り物攻勢**をかけました。贈られたのは**日本刀**です。指揮官の使う指揮刀などは、刀身・外装とも見事ですから、当然ながら、軍人であるＧＨＱ関係者を魅了しました。

ＧＨＱトップのダグラス・マッカーサー元帥には、民間の財閥から多くの名刀が贈られました。この動きが功を奏し、ＧＨＱの日本刀に対する態度は軟化していき、「専門家の審査を受け、美術性が高いと判定されたものは破却しない」となりました。この決定に基づいて審査が行われ、国宝や重要文化財級の名刀は破却を免れ、現在も私たちの目に触れているのです。

ところで、この昭和の刀狩りの期間中、多くの名刀が海外に流出しました。集められた日本刀を連合軍将兵が、勝手に海外に持ち出したのです。これは日本には不幸なことでしたが、外国人が日本刀に触れ、親しむ結果をもたらしました。日本刀がサムライ・ソードの名でクールとされているのは、**ＧＨＱによる〝昭和の刀狩り〟**があったからなのです。

世界史
ＧＨＱによる昭和の刀狩りにより日本刀の魅力を知る

日本史
日本刀の破却や海外流出を防ぐためにあらゆる手を尽くす

明治

日本の出来事	年	世界の出来事
鳥羽・伏見の戦いが起こる 戊辰戦争が起こる 明治維新が始まる	1868年	
	1870年	普仏戦争が勃発する イタリアが統一される
岩倉使節団が日本を出発する	1871年	
日本初の鉄道が開業する	1872年	
明治六年の政変が起こり西郷隆盛が下野する	1873年	
	1875年	モネ「ラ・ジャポネーズ」が描かれる
	1876年	フランスの辞書に「ジャポニズム」の言葉が登場する
『特命全権大使・米欧回覧実記』が刊行される	1878年	
イザベラ・バードが『日本奥地紀行』を発行する	1880年	

日本史×世界史　つなげる年表⑤

（明治時代～令和）

時代	年	日本のできごと	世界のできごと
明治	1887年頃		ゴッホ「タンギー爺さん」が描かれる
明治	1889年	大日本帝国憲法が発布される	
明治	1894年	日清戦争が勃発する	
明治	1900年		義和団事件が起こる
明治	1902年	日英同盟が締結される	
明治	1904年	日露戦争が起こる	
明治	1904年頃		ベトナムでドンズー運動が始まる
明治	1905年	ポーツマス条約が締結され日露戦争が終結する 孫文が日本で「中国同盟会」を結成する	
明治	1906年		インドでカルカッタ大会が開催される
明治	1908年		トルコで青年トルコ革命が起こる
明治	1911年		辛亥革命が勃発する
大正	1912年	「大正」が始まる	「中華民国」が成立する 第1次バルカン戦争が勃発する
大正	1914年	第1次世界大戦に参戦する	サラエボ事件が起こり第1次世界大戦が勃発する
大正	1917年		ロシア革命が勃発する

時代	年	日本の出来事	世界の出来事
大正	1919年		ベルサイユ条約が締結され第1次世界大戦が終結する
	1920年	国際連盟に加盟し常任理事国になる	
	1924年	小谷部全一郎が『成吉思汗ハ源義経也』を刊行する	トルコ共和国が成立する
昭和	1926年	「昭和」が始まる	
	1929年		世界恐慌が起こる
	1931年	満州事変が起こる	
	1932年	5・15事件が起こる	
	1933年	国際連盟を脱退する	ドイツでヒトラー内閣が誕生する
	1936年	2・26事件が起こる	スペイン内戦が始まる
	1937年	盧溝橋事件が起こり日中戦争が勃発する	
	1939年		ドイツとソ連がポーランドに侵攻し第2次世界大戦が勃発する
	1940年	日独伊三国同盟が締結される	
	1941年	太平洋戦争が勃発する	

日本史×世界史　つなげる年表⑤

（明治時代〜令和）

昭和

1945年	ポツダム宣言を受け入れ　太平洋戦争が終結する	第2次世界大戦が終結する
1946年	「銃砲等所持禁止令」が施行される	
1948年		第1次中東戦争が勃発する
1949年		中華人民共和国が成立する
1951年	サンフランシスコ講和条約が締結される	
1952年	主権を回復する	
1956年	国際連合に加盟する	
1972年	沖縄の施政権がアメリカから返還される	ミュンヘン・オリンピック事件が起きる
1973年		第4次中東戦争が勃発する
1975年		ベトナム戦争が終結する
1980年		WHOが天然痘の根絶を宣言する

平成

1989年	「平成」が始まる	中国で天安門事件が起こる
1990年		東西ドイツが再統一される
1991年		ソ連が解体される
2001年		アメリカ同時多発テロ事件が発生する
2010年		「アラブの春」運動が起こる

令和

2019年	「令和」が始まる	

［参考書籍］

『改訂版 詳説日本史研究』 佐藤信・五味文彦・高埜利彦・鳥海靖編 山川出版社
『詳説世界史研究』 木下康彦・木村靖二・吉田寅編 山川出版社
『「世界史」で読み解けば日本史がわかる』 神野正史著 祥伝社
『地球日本史① 日本とヨーロッパの同時勃興』 西尾幹二 責任編集 産経新聞社
『地球日本史② 鎖国は本当にあったのか』 西尾幹二 責任編集 産経新聞社
『地球日本史③江戸時代が可能にした明治維新』 西尾幹二 責任編集 産経新聞社
『世界史とつなげて学べ 超日本史』 茂木誠著 KADOKAWA
『徹底検証！ 日本古代史と考古学の謎』 原遙平著 彩流社
『写真と図解でよくわかる 世界史×日本史 歴史を学べばニュースの裏が見えてくる』
三木俊一・長谷川敦 著 かみゆ歴史編集部 編 廣済堂出版
『世界史が教えてくれる！ あなたの知らない日本史』 かみゆ歴史編集部編 辰巳出版
『大系 日本の歴史① 日本人の誕生』 佐原眞著 小学館
『逆転の日本史【江戸時代編】』 洋泉社
『逆転の日本史【古代史編】』 洋泉社
『逆転の日本史 反「忠臣蔵」読本 元禄・赤穂事件300年後の真実！』 洋泉社
『東方見聞録』 マルコ・ポーロ著／愛宕松男訳 平凡社
『環日本海と環シナ海 日本列島の十六世紀』 朝日新聞社
『日本神話の起源』 大林太良 角川書店
『歴史REAL 日本人の起源 DNA解析と考古学でここまでわかった！ 縄文・弥生の世界』 洋泉社

『歴史ＲＥＡＬ　戦国合戦を科学する そのとき「戦場」で何が起きていたのか』　洋泉社
『浮世絵と古地図でたどる江戸の名所』　洋泉社
『画狂人 北斎の世界』　洋泉社
『気候文明史 世界を変えた８万年の攻防』　田家康著　日本経済新聞出版社
『義経伝説と日本人』　森村宗冬著　平凡社
『日本鉄道史　幕末・明治篇』　老川慶喜著　中央公論新社

［論考］
「石見銀山と大航海時代」　脇田晴子　『季刊　文化遺産』２００１年10月号所収　島根県並河万里写真財団
「金銀島を求めて」　岸野久　『探訪 大航海時代の日本４―黄金の国を求めて』所収　小学館
「【歴史を変えた事件】明治六年の政変―国家百年の大計の誤算」　川勝平太
『季刊アステイオン』アステイオン編集部 編　ティビーエス・ブリタニカ

【著者紹介】森村宗冬（もりむら・むねふゆ）
1963年長野県安曇野市に生まれる。著述家。おもな著書に『義経伝説と日本人』（平凡社新書）、『歴史みちを歩く』（洋泉社）、『美しい日本の伝統色』（山川出版社）、『世界の海賊大図鑑全３巻』（ミネルヴァ書房）、『古墳のひみつ』（メイツ出版）などがある。日本経済新聞日曜版「古代ロマンに興奮 墳丘や石室を見学できる古墳10選」で、古墳選定者として関わった。

つなげてみれば超わかる **日本史×世界史**

2019年11月22日第一刷

著　者　森村宗冬
発行人　山田有司
発行所　〒170-0005
株式会社　彩図社
東京都豊島区南大塚 3-24-4
MT ビル
TEL：03-5985-8213　FAX：03-5985-8224
印刷所　シナノ印刷株式会社
URL　https://www.saiz.co.jp　https://twitter.com/saiz_sha

ISBN978-4-8013-0409-3 C0021